AF368643

LES
FONDEMENS
DE LA
JURISPRUDENCE
NATURELLE.

LES
FONDEMENS

DE LA

JURISPRUDENCE
NATURELLE,

PAR

Mr. PESTEL,

PROFESSEUR EN DROIT PUBLIC,

A LEYDE,

TRADUITS DU LATIN

SUR LA

SECONDE EDITION.

À *UTRECHT*,

Chez J. van SCHOONHOVEN & Comp.

MDCCLXXIV.

AVERTISSEMENT

D U

TRADUCTEUR.

L'Ouvrage dont nous donnons la Traduction a été imprimé pour la premiere fois à Leyde en 1773. Cette premiere Edition a été promptement fuivie d'une feconde qui a paru cette année dans la même Ville. C'eſt pour fes Eleves que Mr. Peſtel a compofé ces Elémens. L'applaudiſſement avec lequel le Public les a reçus montre qu'ils n'étoient pas faits pour reſter dans l'enceinte des Ecoles. Nous avons cru les rendre d'une utilité plus générale, en les faifant paroître en François, langue presque uniquement aimée de la Nation que nous avons eu principalement envue. Elle recherche depuis quelque tems les ouvrages de ce genre, & tend à fe mettre de niveau avec les peuples à qui les droits de l'humanité ont été jusqu'à préfent plus connus. C'eſt un moment dont les bons patriotes doivent profiter pour lui faire connoître les bonnes fources. Voilà un des motifs qui nous ont déterminés à traduire *les Fondemens de la Jurisprudence naturelle.*

* 2

Sans

AVERTISSEMENT

Sans entrer dans les difcuffions qui n'é-
toient pas de fon Sujet, l'Auteur s'eft borné à l'expofition des Vérités premieres qui
font le guide de l'homme, du citoïen, &
du Législateur. Confacré par état à donner dans une Univerfité célebre des Leçons de Droit Public, il a cru devoir établir folidement la bafe de cette Science,
& cette bafe eft néceffairement la Morale.
Ce font donc les principes de la Morale
naturelle, & ceux de la Politique qui font
le Sujet de fon livre. Plufieurs Ecrivains
ont traité récemment la même matiere avec
plus ou moins de fuccès. Quelques-uns
d'entr'eux ont donné dans des écarts extra-
vagans, & ont gâté de très bons ouvrages
(*) par des déclamations infenfées contre
la Divinité & contre le culte qui lui eft du.
L'Auteur des *Fondemens de la Jurisprudence naturelle*, auffi éloigné de ces folies
que profond dans la Science dont il nous
donne les Elémens, nous offre un Ouvrage plein de Philofophie, fans nous préfenter un écueil dangereux ou des excès ré-
voltans, un Ouvrage ou l'on parle à l'homme de fes droits, & au Puiffant de fes devoirs, fans bleffer la Religion, & ou la vérité s'annonce, fans emprunter un ton arrogant qui n'eft propre qu'à la faire haïr.

Nous-

(*) Le *Syftéme Social*, la *Politique naturelle* &c.

Nous efpérons que les Lecteurs religieux entreront dans l'efprit de l'Auteur, &
qu'ils ne fe méprendront pas fur le véritable but de fon Ouvrage. Il y eft queftion
de la Morale confidérée comme le fondement de *la Jurisprudence naturelle*, par
conféquent d'une Morale uniquement fondée fur la Raifon. Ainfi les vérités que
nous ne connoiffons que par la Révélation ne
devoient pas entrer dans ce plan. Elles
ont leur place ailleurs. Si les Théologiens
les croïoient néceffaires pour modifier quelques propofitions de cet Ouvrage, nous les
prions de fe fouvenir qu'elles font d'un ordre
fupérieur à la Jurisprudence naturelle, que,
n'étant point l'objet de la Raifon, elles ne
pouvoient faire partie d'une Théorie fondée uniquement fur la Raifon, qu'on a pu,
par conféquent, les taire fans fe rendre
fufpect de les méconnoître. Nous n'en
dirons pas davantage fur cet article. L'Auteur auroit droit de fe plaindre d'une Apologie dont il n'a pas befoin, & du foin pré-
maturé de prévenir des objections qui ne
nous regardent point. Nous ne fommes
que fon interprete, & nous n'avons aucun droit de nous donner pour fon garant.
D'ailleurs l'Auteur eft Proteftant, &
en cette qualité il a pu prendre quelques

* 3   points

points de vue qu'il ne nous convient ni de critiquer ni d'adopter.

La plupart des vérités que l'on trouvera dans son Ouvrage ont été établies ailleurs, ainsi elles ne sont point nouvelles; mais ce qui n'est pas nouveau en soi, l'est toujours pour un grand nombre de Lecteurs, & peut le devenir pour les autres, par l'ordre lumineux qu'on fait y mettre. Aïant trouvé ce mérite dans les *Fondemens de Jurisprudeuce naturelle*, nous les avons crus également propres à plaire à ceux qui sont versés dans ces matieres, & à instruire ceux qui ne le sont point. L'Auteur s'étant fait un devoir de dire tout ce que son Sujet lui présentoit d'important, & de donner à chaque proposition la place que lui assignoient les loix d'une méthode sévere, il a fait un livre qui demande nécessairement de l'attention, pour être lu avec fruit, un livre, par conséquent, plus fait pour exercer le raisonnement que pour amuser l'imagination.

Tant que la Morale naturelle a été l'objet du sentiment plutôt que de la démonstration, elle a fait naître des Ouvrages éloquens & propres à plaire à l'esprit sans lui donner la fatigue de penser ; mais depuis que la Philosophie l'a mise au nombre des Sciences exactes, elle a nécessairement perdu une partie des agrémens de son enfance, ou

si elle

fi elle les a confervés , c'eft dans les ouvrages , qui , tels que ceux de la Bruïere
& de Duclos , ont pour objet , moins la
Théorie de la Morale , que la peinture
des mœurs.

La précifion qu'elle a acquife eft bien
propre à nous dédommager des avantages
qu'elle a perdus.   Ne nous plaignons point
que la Rhétorique ne puiffe plus couvrir
de fleurs un terrein que la Philofophie
cultive plus avantageufement pour nous.
Peut - être pourrions nous regretter avec
plus de raifon que l'imperfection des connoiffances humaines laiffe encore un champ
fi vafte à l'éloquence dont le domaine paroît fe refferrer à mefure que celui de la
Philofophie s'étend.   C'eft dans les idées
juftes & bien ordonnées qu'on doit chercher
le mérite des Ouvrages que celle - cy produit; nous efpérons qu'on le trouvera dans
celui dont nous offrons la traduction à nos
compatriotes , & qu'on aura le plaifir d'y
voir beaucoup de chofes renfermées dans
un affez petit volume.   Plufieurs queftions
n'y paroîtront d'abord qu'effleurées , parcequ'elles y font traitées en peu de mots,
mais celui qui fait lire verra bientôt qu'elles
y font approfondies. Entre plufieurs exemples propres à juftifier cette remarque, nous
n'indiquerons que le Paragraphe CCCXI.

* 4

Après

AVERTISSEMENT

Après avoir payé à l'Ouvrage le tribut d'é-
loges qui lui eſt du, il ne nous reſte qu'à dire
un mot de la Traduction. Nous n'avons rien
négligé pour la rendre exacte. Un Ouvrage
qui peut être d'une ſi grande utilité méritoit
cette attention; c'eſt pourquoi nous avons
conſulté des perſonnes fort verſées dans ces
matieres & dans la connoiſſance de la langue.
Mr. Peſtel lui même qui a bien voulu prendre
la peine de la revoir & de la perfectionner en
quelques endroits, & à qui nous devons, à
ce tître, un témoignage public de notre reconnoiſſance, l'a honorée de ſon approbation
Cette indulgence ne nous aveugle pas ſur
ſes défauts. Nous avouons qu'il ne nous a
pas toujours été poſſible de rendre le texte
comme nous l'aurions deſiré. Il eſt plus
juſte d'en accuſer notre foibleſſe que notre
langue. Ce n'eſt pas qu'à l'exemple de la
plupart des Traducteurs, nous ne puiſ-
ſions dire des choſes aſſez plauſibles pour
rendre notre langue reſponſable d'une partie
des imperfections qu'on remarquera dans
cette Traduction; mais nous ne croïons pas
devoir les imiter, parceque nous ſommes perſuadés qu'une Apologie de cette
nature ne convient qu'à ceux qui peuvent ſe flatter de connoître toutes lesreſſour-
ces de leur langue, & qu'il nous paroît plus
ſimple de convenir qu'un Traducteur plus ha-
bile auroit été plus heureux.   AVIS

AVIS de L'AUTEUR.

*E*tant dans l'usage d'expliquer tous les ans l'excellent Ouvrage de Grotius sur le droit de la Guerre & de la Paix, *je me voïois avec peine obligé de consacrer à l'explication des Prolegomemes & du premier chapítre un temps réclamé par des matieres importantes & très dignes d'être discutées avec tout le soin possible. Pour remédier à cet inconvénient, j'ai pris le parti de renfermer dans ce petit volume les principes dont je desire que soient pleinement instruits ceux qui suivent*

mes

mes leçons de Droit Public. Je n'aurai point de regret qu'un travail, qui ne suppose aucune érudition, paroisse peu glorieux, pourvû qu'il soit utile à ceux dont l'esprit & le cœur sont confiés à mes soins.

TABLE

TABLE

DES

SECTIONS

I. PARTIE.

II. PARTIE.

II.

TABLE DES SECTIONS.

LES FONDEMENTS DE LA JURISPRUDENCE NATURELLE.

Iere PARTIE.

ORDRE ET PROGRES DU BON-HEUR.

SECTION Iere

Du Bonheur.

I.

LEs actions de l'homme font ou naturelles, ou dépendantes de la volonté. Celles - ci, qui tirent leur origine de la liberté dont chacun a le fentiment intime, font appellées *libres.*

A   II.

II. Dans toute action libre, l'ame au moment qu'elle fe détermine apperçoit d'une manière distincte ou confufe une raifon du choix entre deux partis propofés. Cette raifon qui eft préfente à l'ame & qui la détermine, s'appelle en général *motif*.

III. Le dernier motif lequel dans toutes les actions libres à la force d'opérer la determination de l'ame, eft ou *l'efpérance du plaifir*, ou *la crainte de la douleur*.

IV. Il y a deux fortes de plaifirs. Les uns s'excitent dans l'ame par le miniftère des fens: les autres naiffent de fon fonds & l'affectent fans que les nerfs reçoivent aucune impreffion.

V. Le plaifir eft *pur* ou *mêlé de douleur*. Les fentimens mixtes dominent dans le cours de notre vie.

VI. Entre l'efpérance du plaifir & la crainte de la douleur, il n'y a point de motif mitoyen qui puiffe faire naître le defir ou l'averfion dans l'ame. Quand on dit que l'état *d'indolence* a des charmes; cet état n'eft autre chofe qu'un fentiment foible de plaifir qui dure quelque tems fans être interrompu par aucune fenfation nouvelle. Mais l'ame, fans s'en apperçevoir, défire le changement de cet état.

VII. Les plaifirs ne font pas tous égaux. Pour les apprécier, il faut confidérer leur *fécondité*, ou le nombre plus ou moins grand de nouveaux plaifirs qui font l'effet de ceux qu'on éprou-

éprouve ; leur *intensité*, ou la quantité de mouvement qu'ils excitent dans l'ame, quantité qui varie fuivant la caufe qui les produit, & fuivant l'état du corps & de l'ame, dans le tems qu'ils fe font fentir ; leur *durée*, & le dégré de certitude qu'ils ne feront point fuivis du repentir.

VIII. Il eft à propos auffi d'obferver que l'efpérance du plaifir à ordinairement d'autant plus de force pour déterminer la volonté que, non feulement ce plaifir eft plus grand, mais encore qu'il faut à l'ame *moins de tems* pour en eftimer la grandeur, & pour déterminer la probabilité & la promptitude de la jouïffance.

IX. Le plaifir dont l'homme ne peut jamais fe repentir, en quelque tems qu'il l'examine, eft un *plaifir vrai* (utile). Celui dont l'homme eft obligé de désapprouver la jouïffance paffée, & de craindre le renouvellement eft un *plaifir faux* (imaginaire, nuifible). [30]

X. Le bien eft ce qui produit un *plaifir vrai.* Le mal, ce qui produit un *plaifir faux.* Quand on confidère le bien fans faire attention fi l'homme l'obtient par l'ufage de fa liberté ou autrement, on l'appelle *bien phyfique.* Quand on le confidère comme l'effet de l'ufage de la liberté, on l'appelle *bien moral.*

XI. Par la conftitution de fa nature l'homme chérit l'exiftence, & il défire de jouir, tant qu'il exifte, d'un état ou les plaifirs fe fuccédant les uns aux autres l'emportent fur les douleurs in

 évi

évitables. L'ame ne peut supporter l'idée d'une condition où des peines perpétuelles ne lui laisseroient aucune espérance d'un état meilleur.

XII. *Le bonheur* est l'état où l'homme se trouve, lorsqu'il peut être assuré de jouïr toujours de plaisirs vrais qui l'emportent sur les douleurs inévitables. *Le désir du bonheur* est inhérent à la nature de l'homme (11). Tous ses penchans dérivent de cette source.

XIII. Par la définition précédente, il est clair 1°. que le bonheur ne consiste pas dans la seule exemption de la douleur; 2°. que toute douleur ne le détruit point; 3°. que tout plaisir ne l'augmente point; 4°. qu'il n'est point une affaire d'opinion; mais que sa notion renferme quelque chose de stable & de solide qui est capable de nous convaincre que nous sommes bien pour le présent, & que nous serons bien à l'avenir.

XIV. La notion du bonheur & l'expérience montrent qu'il est susceptible d'accroissement & de diminution. Pour en estimer la quantité, il faut 1°. avoir égard à la grandeur des plaisirs vrais qu'on espère de conserver ou d'obtenir (7); 2°. considérer ce que les douleurs qui peuvent survenir ont de supportable & de propre à nous faire mieux goûter la douceur des plaisirs; 3°. examiner la solidité des fondemens sur lesquels s'appuye l'espérance que nous avons d'exister éternellement pour jouïr d'une vie agréable.

XV. Nous supposons ici que l'ame séparée du corps continue de vivre; cela se prouve ailleurs
&

& fe déduit clairement de la fageffe de Dieu, ainfi que de l'excellence de l'ame humaine.

XVI. L'immortalité de l'ame étant prouvée,
il eft clair que non feulement l'ame fera toujours
la même, fe connoiffant, fe diftinguant des autres êtres, & aïant le fouvenir de fon état paffé;
mais encore qu'elle fera fufceptible d'acquérir de
nouvelles idées & par conféquent d'éprouver de
nouveaux plaifirs ou de nouvelles douleurs.

XVII. Delà il fuit que la vie de l'ame féparée
du corps eft une continuation de la vie préfente.
Ainfi dans la définition du bonheur, on ne doit pas
fe borner à la confidération de cette période de
la vie qui fe termine à la mort.

XVIII. En donnant à l'homme *le défir du bonheur*, la nature l'a t-elle *mis en état d'y parvenir?* Le bonheur eft-il fait pour ceux que de
grandes & d'innombrables douleurs affiègent de
toutes parts? Eft-il fait pour ces efprits volontairement malades qui fe privent eux-mêmes de
leur tranquillité? Puisque tous les hommes ne
font pas heureux, n'eft-il pas plus naturel de
penfer que le genre humain n'eft pas deftiné au
bonheur?

XIX. La volonté de Dieu & les fins qu'il s'eft
propofé fe connoiffent par fes ouvrages. Dieu
a mis dans la nature de l'homme le défir du bonheur; (12) donc il n'a pas voulu qu'il lui fût
impoffible d'y parvenir. Il eft indigne de la fageffe & de la bonté fouveraines de faire que les
hommes foient privés néceffairement de ce qu'ils

 défi-

défirent néceffairement. D'ailleurs rien n'eft difcordant dans la nature; tout y eft harmonique. D'où on peut conclure que la Providence qui ne fe dément dans aucun de fes ouvrage, & qui a donné à chaque chofe fon dégré de perfection, a auffi deftiné au genre humain une portion déterminée de bonheur.

XX. *L'expérience* n'eft point contraire à ce que je viens de dire. Soit qu'on confidère l'homme en lui-même, foit qu'on le confidère dans fes rapports avec toutes les parties de l'Univers, tout ce qui eft de fa nature & a des rapports avec lui, confpire à fon bonheur.

XXI. Les peines inévitables qui traverfent la vie de l'homme ne détruifent pas le bonheur (14. 17.). Quand elles font grandes, elles durent peu ; quand elles font longues, l'habitude les adoucit. Enfin indépendamment du fouvenir des plaifirs paffés & de la penfée confolante de la providence, il refte au moins aux affligés une derniere reffource dans l'efpérance d'une éternité plus heureufe (16).

XXII. L'homme par l'abus de fa liberté peut fe manquer à lui-même dans la recherche du bonheur, foit qu'il ignore les caracteres qui distinguent les plaifirs vrais de ceux qui font faux, & la mefure des uns & des autres, foit que voïant le bien, il fe laiffe entraîner au mal.

XXIII. Pour lui faire éviter ce malheur, la Providence ne lui a t-elle pas donné un moniteur fecret deftiné à l'inftruire de ce qui lui convient,

vient, & à l'inviter à ne s'en point écarter? Ceci nous méne à trois queftions dont nous allons nous occuper.

1o. Y a t-il une route certaine qui conduife au bonheur, & dans laquelle l'homme puiffe marcher fans risque de s'égarer?

2°. L'homme peut-il la connoître avec certitude?

3o. Y a t-il dans l'ame de l'homme des refforts qui puiffent rendre efficace la connoiffance du bien & du mal, & le porter à diriger fes actions conformément à cette connoiffance?

SECTION II^de.

De la route qui conduit au bonheur, & de la connoiffance certaine de cette route.

XXIV. *Les règles du bonheur*, lesquelles nous tâcherons de découvrir & d'expofer avec ordre en prenant la nature pour guide, ne font autre chofe que les propofitions qui expliquent les moïens d'obtenir le bonheur, ou cet ordre des actions libres par lequel il eft poffible au genre humain de parvenir à la félicité qui lui eft destinée (19). Ces regles, nous les appellons *morales* à caufe des actions *libres* ou *morales* qu'elles doivent diriger. Nous difons qu'elles font *certaines*, parceque l'efprit humain peut connoître que des regles contraires, loin de s'accorder avec le bonheur, y feroient néceffairement oppofées.

A 4

XXV.

XXV *Il y a des règles certaines pour le bonheur.* S'il n'y avoit point de règles, il n'y auroit point de bonheur; fi elles étoient incertaines, le *fcepticisme moral* feroit *phyfiquement néceffaire.* Les incertitudes du fcepticisme rendroient déplorable la condition de tous les hommes, & les plus appliqués à regler leurs actions feroient les plus à plaindre. Ainfi cela ne peut fe fuppofer (19). Dire qu'il n'y a point de règles morales, ou qu'elles font incertaines, c'eft la même chofe quant aux effets.

XXVI. On peut prouver la même chofe par la nature des actions libres. Il en eft de celles-cy comme des actions naturelles des corps; chaque action libre produit des effets qui font liés entre eux & avec l'action qui en eft la caufe. Ces effets confiftent dans un changement d'état duquel réfulte tôt ou tard un fentiment de douleur ou de plaifir. On peut donc conclure légitimement qu'une action libre exactement femblable étant donnée, elle produira les mèmes effets dont réfultera un état conforme ou contraire au bonheur, effets par conféquent qui font *des biens* ou *des maux* (10). Si de deux actions du même genre il réfulte des effets différens, en examinant la chofe avec attention, on trouvera que les actions n'étoient pas exactement femblables, & on y remarquera des différences.

XXVII. Le rapport des actions libres au bonheur de l'agent n'eft donc point variable, dépendant de l'opinion, perfonnel ou affujetti aux circonftances, mais il eft univerfel, conftant, & perpétuel. C'eft l'invariabilité de ce rapport qui con-

conftitue l'ordre naturel du bonheur. La connoiffance de cet ordre nous manifefte les règles
qui doivent diriger nos actions libres, fi nous
voulons être heureux. Cet ordre étant certain,
il faut que les regles qui le font connoître foient
certaines & conftantes.

XXVIII. Enfin fi ces règles n'étoient point
conftantes les mêmes ne conviendroient ni à tous
les hommes, ni au même homme dans tous les
tems. Une telle variation eft contraire à la fageffe de Dieu, oppofée à l'harmonie admirable
des loix qui règlent l'Univers, & ne s'accorde
point avec la nature humaine qui eft invariable-
ment la même dans tous les hommes.

XXIX. Il y a donc un fyftême conftant & certain de règles pour le bonheur, & les hommes ne
peuvent y parvenir que par un ufage déterminé
de leur liberté. Ce fyftême étant approprié à la
nature de l'homme & par conféquent conforme à
celle de l'Univers entier (19) eft appellé à jufte
tître *naturel*. On l'appelle auffi avec raifon *Divin*, parceque c'eft Dieu qui l'a établi, & *bon*
parcequ'il ne peut venir rien que de bon de celui
qui eft le Pere du genre humain.

XXX. C'eft dans la convenance ou disconve-
nance avec ce fyftême qu'on trouve le caractère
certain & perpétuel qui diftingue le plaifir vrai
du plaifir faux, (9) les actions *libres* ou *morales*,
qui font bonnes de celles qui font mauvaifes.

XXXI. Ce fyftême étant divin (29), il eft né-
A 5

ceffaicessairement immuable; le seul parti qui reste à l'homme est de l'*étudier* & de le *suivre*.

XXXII. Les préceptes de la Morale ne sont-ils pas enveloppés de tant de ténébres que tous les hommes, ou du moins plusieurs d'entre eux, sont forcés d'en ignorer un grand nombre, & de tomber dans beaucoup d'erreurs, lorsqu'ils s'appliquent à en faire l'étude? Nous verrons ce qui en est, quand nous aurons comparé la route que l'on suit dans cette recherche avec celle qu'on devroit suivre.

XXXIII. Dans le premier âge l'homme se conduit en partie par l'*instinct de la nature*, en partie par des règles qu'il tire de sa propre expérience, ou qu'il adopte *sur la foi d'autrui*. J'appelle *instinct de la nature* ces prémiers mouvemens naturels qui nous portent à rechercher ou à fuir ce qui convient ou ce qui nuit à la nature humaine. Entre ces mouvemens les uns sont propres à l'homme, les autres lui sont communs avec les animaux destitués de raison. Le discernement du bien & du mal est renfermé en quelque sorte dans ses premiers mouvemens; mais ils donnent une impulsion si rapide qu'à peine l'esprit de l'homme peut s'en apperçevoir. (cy-dessous 49)

XXXIV. L'enfant éprouve des sensations; peu à peu il s'y rend attentif, c'est à dire, qu'il commence à *faire des expériences*. Les objets qui se gravent les premiers dans sa mémoire sont ceux dont il a reçu des impressions agréables ou désagréables. N'aïant point encore l'esprit assez développé pour
pré-

prévoir un avenir éloigné il ne juge de fes actions que par le plaifir & la douleur qui en font l'effet immédiat. Sitôt que d'une action femblable il prévoit un effet femblable, il fe fait, fans y penfer, des règles de conduite.

XXXV. Aïant befoin de la Société pour conferver fa vie & pour acquérir l'ufage de la raifon, il eft naturellement porté à *obferver* ceux avec qu'il vit & à les *imiter*. C'eft ainfi qu'il regle fa conduite fur celle d'autrui & qu'il adopte les maximes de ceux dont l'autorité & l'expérience lui infpirent de la confiance. Ces maximes entrant infenfiblement dans fon efprit y jettent des racines & s'y transforment en axiomes qu'on croiroit innés. L'exemple & l'éducation transmettent des règles de conduite vraies & fauffes. Les mariages les font paffer dans différentes familles & les répandent dans la plus grande partie d'une nation. Elles deviennent communes à plufieurs peuples, lorsque les voiages & les guerres donnent à ceux-cy l'occafion de fe connoître, & c'eft par ce moïen qu'elles regnent pendant des fiècles.

XXXVI. Dans un âge plus avancé, l'homme commence à faire ufage de fa *raifon*, c. a. d. de cette *faculté naturelle de voir diftinctement la liaifon des vérités*. La raifon eft d'autant plus forte que les chofes dont elle apperçoit le rapport font plus étendues & en plus grand nombre, & qu'elle a plus de facilité à voir diftinctement le lien commun qui les unit. Plus la raifon a de force, plus elle voit clairement les caractères qui diftinguent le bien du mal.

XXXVII.

XXXVII. Dans la recherche du meilleur plan de vie, le premier devoir de la raison eſt de ſoumettre à l'examen les regles de conduite qu'on s'eſt faites dans l'enfance(35), ou qu'on a reçues inſenſiblement ſoit de ſes inſtituteurs ſoit de ſes égaux. Cependant on ſuit ordinairement une méthode contraire. On n'a aucun doute ſur les opinions conſacrées par le tems, à moins que les maux qu'elles produiſent ne ſoient très prochains & évidens. La raiſon dédaignant la recherche du vrai bien ne fait plus d'efforts que pour ſe plier aux règles reçues ou pour en imaginer de nouvelles qui y ſoient conformes, & qui puiſſent s'appliquer aux cas nouveaux. C'eſt ainſi ou qu'une erreur en engendre une autre, ou que l'eſprit, abandonnant la vérité qu'il n'a jamais examinée, ſe laiſſe facilement entraîner dans l'erreur, ſéduit par l'exemple & par la mauvaiſe foi.

XXXVIII. Quiconque veut faire un uſage légitime de ſa raiſon doit ſuivre une méthode différente pour ſe faire des règles de morale. Lorsqu'une expérience conſtante nous montre les effets de nos actions libres, la raiſon permet que nous emploïons *ce moïen* pour en juger. Mais nous nous tromperions ſi, pour discerner le bien du mal, nous n'avions égard qu'aux impreſſions agréables ou désagréables qui ſont *immédiatement* liées à nos actions (34). Comme leurs effets prochains & éloignés (16) ſont unis par la nature, nous devons les unir dans notre penſée, les enviſager à la fois & les peſer tous à la balance de la raiſon, ſi nous voulons avoir des regles
ſûres

fûres & exemptes d'erreur pour diftinguer les actions conformes à la nature humaine de celles qui y font contraires.

XXXIX. Les effets qui naiffent des actions libres font de deux fortes; les uns accompagnent toujours ces actions, les autres n'ont lieu qu'avec certaines conditions. On peut appeller les premiers *néceffaires* ou *abfolus*. On peut donner aux feconds le nom d'*accidentels* ou d'*hypothétiques*. Ceux là opèrent toujours dans l'état de l'homme un changement auquel eft attaché immédiatement un fentiment de plaifir ou de douleur, ou du moins qui renferme le germe d'un plaifir vrai, ou d'une vraïe douleur, parce qu'il doit *produire* plufieurs changemens fubféquents. *Ceux-cy* augmentent le bien ou le mal renfermé dans les effets néceffaires, & ils font de nature à pouvoir ou ne pouvoir pas être prévus par *les règles de la probabilité.*

XL. Nulle action libre n'eft entiérement ftérile (26). Toutes nos actions produifent des effets (38. 39.). Les obferver, & diftinguer avec foin dans tous les cas ceux qui font néceffaires, de ceux qui ne font qu'accidentels, c'eft le premier devoir de la raifon. Elle a pour y parvenir plufieurs moiens. 1°. Elle connoit les effets néceffaires par l'expérience qui nous les montre toujours liés aux mêmes actions dans tous les tems, dans tous les lieux & pour toutes perfonnes indiftinctement. Elle peut par conféquent les prévoir avec certitude, parcequ'ils ont toujours lieu. 2°. Elle les voit *à priori*, c. a. d. que par l'idée de l'action & celle de la nature hu-
mai-

maine, elle voit la liaifon néceffaire qui eft entre l'effet & fa caufe. 3°. Elle peut les déduire par *analogie* ; & cette analogie eft fondée fur la fimplicité & l'accord des loix qui reglent toute la nature & par conféquent la nature humaine.

XLI. Après avoir obfervé les effets néceffaires, le fecond devoir de la raifon eft d'examiner s'ils font conformes ou contraires au fyftême du bonheur (29). Dans cet examen elle doit furtout fe tenir en garde contre les erreurs qui fe gliffent facilement dans les raifonnemens tirés de l'expérience. Le fentiment intérieur ne trompe jamais lorfqu'il repréfente quelque chofe comme agréable ou défagréable. Mais la raifon peut fe tromper, lorfqu'elle conclut fans héfiter que ce qui nous flatte ou nous déplaît actuellement produira à l'avenir le même effet fur nous. Souvent l'homme qui s'eft livré avec ardeur à certains plaifirs, ou fouftrait avec foin à certaines douleurs, eft forcé de fe repentir, lorfqu'une expérience tardive lui apprend qu'il n'auroit du, ni gouter les uns, ni éviter les autres. Ce repentir ne dépend point de la volonté de l'homme. Sitôt que nous voïons que les effets néceffaires de nos actions font *contraires à notre nature*, le repentir fuit néceffairement. Au contraire appercevons nous leur convenance avec notre nature, nous fommes convaincus par un fentiment intime que nous ne pouvons ni les blamer, ni nous en repentir; & cette convenance nous confirme dans le jugement que nous avons d'abord porté fur leur bonté. L'approbation que nous nous donnons à nous mêmes produit un nouveau plaifir ; d'où il fuit que la raifon peut con-

conclure avec certitude que toutes les actions libres dont les effets néceffaires s'accordent avec
la nature humaine font la fource d'un plaifir
vrai actuel ou futur, & que par conféquent elles
font liées avec le bonheur de l'homme (12).

XLII. La *nature humaine* ne comprend pas
feulement le corps & l'ame, les forces de l'un &
& de l'autre, & le lien qui les unit. Elle renferme de plus le rapport de l'homme aux autres parties de l'Univers, & le lien qui l'unit au Créateur.
Ainfi la raifon peut conclure avec certitude qu'un
changement d'état opéré dans l'homme par fes actions libres eft contraire à fa nature & à fon bonheur, non feulement lorfque ce changement
affoiblit les forces du corps & de l'ame, ou en
empêche l'accroiffement, mais encore lorfqu'il
n'eft pas conforme à l'ordre naturel des chofes &
aux perfections de Dieu qui nous font connues.

XLIII. C'eft des feuls effets néceffaires des
actions libres, & non des effets accidentels (39)
que la raifon peut tirer les regles des mœurs.
A l'égard des effets accidentels, ils peuvent fervir non à déterminer feuls la volonté, mais à fortifier les motifs renfermés dans les effets néceffaires, lesquels doivent fuffire pour décider l'homme qui délibère. La vraïe piété p. ex. a toujours
des charmes & des douceurs. Expofée aux regards
d'autrui, elle peut auffi attirer à l'homme pieux
la bienveillance de fes femblables. Eft-elle privée de cet avantage? Fut-elle même inconnue
& méprifée? Elle conferve toujours le prix qui
la rend aimable.

XLIV.

XLIV. Lorsque nos actions nous font éprouver un plaisir actuel, ou qu'elles ont produit plusieurs fois cet effet, il n'est pas facile d'y découvrir à l'aide de la raison les semences des maux éloignés, & réciproquement. C'est pourquoi plusieurs prennent une route plus facile, & par conséquent plus frayée. Au lieu de se donner la peine d'étudier les caractères distinctifs du bien & du mal, & de les chercher dans les effets bons ou mauvais constamment attachés aux actions (40) ainsi que dans la convenance de ces actions avec la nature humaine, (42) ils aiment mieux s'en rapporter à l'autorité de ceux qui passent pour les plus sages, & les plus versés dans la connoissance de l'homme, & sur-tout au suffrage des nations, & principalement des nations les plus policées. Mais le bonheur dépend de la réalité des choses & nullement de l'opinion d'un ou de plusieurs hommes (13). Les hommes peuvent se tromper, & tromper leurs semblables, de manière que des erreurs qui n'étoient adoptées d'abord que par un petit nombre deviennent nationales & héréditaires (35). Tant de peuples sauvages ou policés se sont écartés de la vérité dans leurs maximes de morale, qu'il n'y a point de doctrine quelque opposée qu'elle soit au bonheur, qui ne puisse être autorisée par le suffrage de quelque peuple. Il est conforme à la raison d'avoir égard au témoignage des nations, comme on croit des témoins les plus dignes de foi qui rendent raison de leur témoignage, ou comme en Physique on s'en rapporte aux expériences des Physiciens. Mais dans un point d'où dépend le bonheur, il est dangereux & souvent pernicieux de
s'en

s'en tenir aveuglément au témoignage des hommes sujets à l'erreur.

XLV. La raison appliquée à découvrir les regles des mœurs, & à juger des actions par ces regles, ne parvient que lentement à sa maturité. Et tous les hommes n'ont pas une égale pénétration. C'est pourquoi plusieurs pensent qu'autant il seroit à désirer pour l'homme qu'il eût une faculté différente de la raison, dont l'objet seroit de distinguer le bien du mal, autant il est probable que la Providence nous l'a donnée, puisqu'elle a mis dans tous les hommes le désir du bonheur. Ces Philosophes supposent que c'est par cette faculté que dans les principales actions, l'esprit, au moment qu'il s'en forme l'idée, distingue exactement celles qui conviennent à la nature humaine de celles qui y sont contraires, sans chercher la raison qui lui fait approuver les unes & blâmer les autres, & sans être en état de l'assigner. Ils prétendent qu'il est aussi peu possible de résister à l'évidence de ce sens interne, qu'au *sentiment du vrai* dont l'ame est affectée à l'égard des premiers principes des connoissances humaines, ou au sens intime par lequel elle sent qu'elle existe & qu'elle est distinguée des autres êtres.

XLVI. L'ame est-elle douée de cette faculté? C'est une question de fait. L'observation est difficile ici, en partie, parcequ'il est aisé de prendre pour innées des dispositions acquises dès l'enfance ou faciles à acquérir, en partie, parceque la rapidité avec laquelle les pensées se succédent, laissent à peine à l'ame le tems nécessaire pour s'observer elle même. Nous pensons volontiers

B

avec

avec quelques obfervateurs ingénieux de la nature humaine, que cette faculté de difcerner les principes fondamentaux du bien & du mal fans fe repréfenter clairement les caractcres qui les diftinguent,
eft *inconteftable* *ent* prouvée par l'*expérience*.   A
l'égard du nom qu'il faut donner à ce guide naturel du bonheur il n'eft pas difficile de s'accorder.   On peut l'appeller *fens moral* à caufe de fon
objet, c. a. d. à caufe des *actions morales* dont l'i-
dée fait fur l'ame une impreffion agréable ou désagréable, comme le doux & l'amer affectent le
fens du goût.

XLVII. Ne pourroit-on pas rapporter au *fens
moral* les trois fources des règles morales ; favoir,
le refpect qu'on a naturellement pour tout être
intelligent doué des plus grandes qualités dans
l'ufage desquelles on ne voit aucun mêlange de
foibleffe, le plaifir que nous fait éprouver le
beau moral, l'intérêt que nous prenons aux êtres
bons, & l'amour qu'ils nous infpirent.

XLVIII. Nous avons vu les moïens que la
Providence nous fournit pour nous mettre en
état de difcerner ce qui nous eft utile de ce qui
peut nous nuire.   En examinant fi elle y a ajou-
té un principe actif pour nous exciter à agir conformément à notre nature, nous trouverons
l'*inftinct* & furtout la *confcience* qui en fait partie.

XLIX. L'*inftinct* naturel commun à tous les
hommes, comme il paroît par la définition (33),
eft fort différent des penchans que l'habitude
nous a rendu comme naturels.   L'inftinct exerce fa force non feulement dans l'enfance; mais
enco-

encore dans l'âge fait & dans tout le cours de la vie. Dans les événemens imprévus où il faut prendre son parti sur le champ & s'exposer au danger, il supprime toute délibération. Il est nécessaire dans les grandes agitations que ce nerf de l'ame déploye son activité.

Le plaisir que les Philosophes modernes appellent *le sentiment de la perfection*, ne paroît être, lorsqu'il est porté à un certain dégré, que la perception d'un changement qui s'accorde avec l'instinct.

L. La force de l'instinct n'est pas telle qu'elle détruise le pouvoir de réfléchir sur les bons ou les mauvais effets des actions, de les prévoir & d'agir en conséquence. Ce pouvoir auquel on donne le nom de *liberté* subsiste malgré l'impulsion de l'instinct. Celui-cy peut-être gouverné, c. a. d. que la *raison* peut le rallentir ou l'animer conformément aux règles morales. (36)

LI. L'intention de la nature, en opposant nos penchans les uns aux autres, a été que la raison pût plus facilement prendre l'empire sur tous. Ainsi afin que l'instinct qui nous porte à la défense de nous mêmes n'allât point jusqu'à la fureur d'une vengeance destructive, la pitié nous a été donnée pour lui servir de contrepoids.

LII. Toutes les facultés de l'ame sont naturellement unies. Si l'esprit rentrant en lui même les sépare par la pensée, c'est pour parvenir, en les considérant chacune à part, à les connoître toutes plus clairement. Conséquemment l'instinct & la raison ne sont point des forces opposées, elles sont unies au contraire & destinées à agir de concert pour répondre aux desseins de la nature. L'instinct tend à écarter la douleur, & à procurer à l'ame un plaisir *actuel*. Or le plaisir qui *suit immédiatement* une action à laquelle la nature nous porte, peut être un plaisir *vrai*. C'est pourquoi l'instinct n'est pas toujours à rejetter; il est surtout le guide de l'enfance, mais jamais un guide assez sûr, parceque ce n'est que par la suite de tous les effets (38) qu'on peut juger avec certitude si une action nous procure un vrai bien ou seulement un bien *apparent* (9.10). Pour prévenir des erreurs dangereuses la nature a joint à l'instinct le flambeau de la raison, & à la raison l'activité de l'instinct, afin que celui-cy excitât la raison à la recherche de nos devoirs & inclinât la volonté à les accomplir.

LIII. Le mot *conscience* a plusieurs significations que nous exposerons plus bas. Nous envisageons ici la conscience comme une force qui porte l'ame à considérer ses actions libres & à les comparer avec les règles du bonheur (24). Sitôt que l'ame voit que ses actions sont conformes à ces règles, elle éprouve du plaisir; quand elle voit qu'elles y sont contraires, elle ressent aussitôt de la peine (41). Quiconque rentrera en soi-même & s'examinera avec soin sentira que la conscience prise en ce sens appartient naturellement à l'ame, & n'est nullement l'effet de l'éducation ou de la réflexion.

LIV. De tous les plaisirs celui que l'ame éprouve à la vüe de l'harmonie de ses actions, est le plus grand & le plus durable. Ceux qui naissent de nos autres qualités ou des avantages de la fortune

tune ne peuvent point lui être comparés. Il faut dire la même chofe des peines que les mauvaifes actions nous font reſſentir. Celui qui ne peut imputer qu'à lui-même les maux qu'il fouffre & ceux qu'il craint, eſt doublement tourmenté. La peine qu'il reſſent eſt d'autant plus longue & plus cruelle que le mal qui le preſſe & celui qui le menace font plus grands, qu'il en fent mieux la grandeur, & qu'il voit plus clairement qu'il ne peut s'en prendre qu'à lui-même.

LV. Lorsque l'efprit eſt étourdi par la diverfité de fes penſées, la confcience peut être aſſoupie pendant quelque tems. Mais il n'eſt pas au pouvoir de l'homme de la détruire & d'étouffer entièrement fa voix.

SECTION IIIme.

L'homme appliqué à chercher en lui même la fource de fon bonheur.

LVI. Nous avons vu que Dieu nous a donné un vif défir du bonheur, qu'il a marqué la route certaine qui y conduit, & mis entre nos mains les inſtrumens dont nous avons befoin pour en acquérir la connoiſſance. A l'aide de ces principes nous allons tâcher de découvrir & d'expofer avec ordre les règles du bonheur, en fuivant toujours le chemin que la nature elle même nous montre. L'obfervation nous apprend que l'hom-

me

me qui vient de naître & qui ignore encore ce qu'il doit à Dieu & à fes femblables s'occupe d'a-bord, par l'impulfion de la nature, du foin de fa confervation. Cette première obfervation nous invite à confidèrer, en premier lieu, l'homme en lui même; en fecond lieu, nous nous éleverons plus haut, & nous examinerons ces liens indiffo-lubles qui attachent l'homme à fon femblable, fur-tout ceux qui l'attachent au Créateur de l'Univers.

LVII. Lorsque l'homme fe confidère feul & qu'il borne fes réflexions à fon exiftence indivi-duelle, quels font les défirs dans lesquels il con-centre fon bonheur? Il défire 1°. la confervation de fa vie, 2°. une exiftence agréable, 3°. une meilleure vie, lorsque la nature le force de quitter celle-cy. Or dans quel ordre doit-il difpofer fes actions, pour ne pas mettre lui même obftacle à fa félicité?

LVIII. Les hommes chériffent l'exiftence, ils n'envifagent qu'avec horreur leur deftruction. Ils écartent avec l'empreffement le plus vif tout ce qui peut borner la durée de leurs jours. En confidérant la force de cet inftinct qui veille à la confervation & à la défenfe de notre être, la rai-fon y découvre les fages deffeins de la nature, qui a voulu que les peines longues & cruelles aux-quelles les hommes peuvent être expofés ne fif-fent pas naître en eux le dégoût de la vie. Elle y découvre de plus que l'union continuée de l'ame & du corps eft le fondement du bonheur préfent, & en quelque forte le germe & le com-
men-

mencement du bonheur futur (17). D'où elle conclut que nous devons travailler à la conferva- tion de notre vie.

LIX. Le fuicide prend fa fource dans l'opi- nion qu'il n'y a pas d'autre remède aux maux in- fupportables de la vie. Cette erreur annonce une ame foible & un efprit peu pénétrant. En effet, pour fe délivrer d'un mal préfent qui n'eft fouvent qu'*imaginaire*, & qui jamais n'eft fans quelque confolation (31), on s'expofe au risque certain d'un mal nouveau plus grand & plus du- rable, lequel confifte en un état plus malheureux après la mort. On s'imagine que les maux de la vie ne peuvent être fupportés plus long-tems. Cependant combien de chagrins ne peut-on pas diffiper en rectifiant l'opinion qui en eft la four- ce? D'ailleurs des changemens inattendus nous délivrent fouvent de nos peines en un inftant, ou du moins les adouciffent. En fuppofant mê- me que l'homme qui fe plaint de la cruauté de fon fort & qui détefte la vie, éprouve des maux difficiles à fupporter, quel foulagement peut-il at- tendre de la mort prématurée qu'il fe donne? Il ne peut certainement pas fe flatter que la mort éteigne tout fentiment (16). Peut-il efpérer qu'à la trifteffe qui le ronge fuccédera un fenti- ment plus agréable? Il n'y a aucune raifon d'ef- pérer qu'une mort volontaire & précipitée ter- minera des douleurs caufées ou par les remords de la confcience, ou par quelque maladie incu- rable, fi on peutêtre certain que celle qu'on a foit de ce genre. Sur quel fondement peut-on croire que la bonté de Dieu ait préparé à l'hom- me un fort plus heureux dont ceux qui s'ennuyent

B 4

de

de vivre puiſſent ſe mettre en poſſeſſion, ſitôt qu'ils le jugeront à propos. Enfin ſi nous conſidérons les effets que produit le ſuïcide dans la ſociété, la ſubverſion de l'ordre naturel du bonheur, expoſé au caprice de l'opinion & de la mélancholie, l'harmonie qui regne dans la nature, enfin la ſageſſe du Créateur, tout nous porte à croire que des maux plus grands remplaceront ceux auxquels on cherche à ſe ſouſtraire par une mort violente.

LX. Non ſeulement les hommes chériſſent l'exiſtence, mais ils déſirent de plus une exiſtence agréable (11). C'eſt pour cela que la nature les porte à donner leurs premiers ſoins au corps. A meſure qu'ils avancent dans la carriere de la vie, ils trouvent dans la douceur de la ſanté, dans les déſagrémens des maladies & dans les avantages infinis que procure la force du corps, des motifs preſſans de continuer ces ſoins. Quoique nous ignorions la manière dont les deux ſubſtances qui compoſent l'homme, influent l'une ſur l'autre, cette influence réciproque n'en eſt pas moins conſtante par l'expérience. Les ſens, l'imagination, la mémoire, la force ou la foibleſſe de notre intelligence ou de nos paſſions dépendent infiniment de l'état habituel ou paſſager du corps. Par conſéquent ſi l'ame veut ne pas mettre elle-même obſtacle à l'uſage & à l'accroiſſement de ſes facultés, & ne pas ſe priver de la jouïſſance des plaiſirs vrais, elle doit néceſſairement s'occuper de conſerver & d'augmenter l'intégrité, la ſanté & les forces de la machine à laquelle elle eſt unie.

LXI.

LXI. D'où il fuit que ceux là abandonnent la route du bonheur qui traitant le corps comme une chofe vile & le regardant comme la prifon de l'ame, le négligent, le maltraitent, le tourmentent par des fupplices recherchés dans le deffein, non de rétablir fes forces, mais de les affoiblir. La nature repouffe cette erreur par l'inftinct de la défenfe, par l'aiguillon de la faim & de la foif, & par l'averfion qu'elle nous infpire pour des douleurs de cette efpèce. L'ame hait la douleur, & furtout celle qui dépend de fon choix; la feule chofe qui puiffe l'en confoler lorsqu'elle s'y eft expofée eft la vive perfuafion qu'il n'y avoit pas d'autre moïen d'échapper à une plus grande douleur, ou d'acquérir un plus grand bien. Or quel eft le plus grand bien dont l'efpoir peut nous porter à déchirer un corps fain & vigoureux? Seroit-ce l'idée que nous en vaudrons mieux? Mais on n'en vaut pas mieux pour être foible. Eft-ce pour nous endurcir aux coups du fort & nous préparer à les fupporter avec patience? C'eft alors choifir un mal certain pour en éviter un incertain, & employer un remède violent & moins efficace, lorsqu'on en peut trouver de plus doux. Cherchons nous à être plus faints & plus agréables à Dieu? Mais on ne peut plaire à Dieu par un moyen contraire à fes deffeins, lesquels il nous a fait connoître par la conftitution de la nature de l'homme (19).

LXII. L'ame aïant befoin des forces du corps pour augmenter les fiennes & en faire un bon ufage (60), les forces du corps s'affoibliffant au lieu de fe perfectionner lorsqu'on ne les exerce pas, la raifon en conclut que le travail convient à l'homme, que l'oifiveté lui eft contraire.

B 5

Elle

Elle voit auffi que la nature elle même éloigne les hommes de l'inaction en leur infpirant cette *acti-vité* qui les porte à acquérir les forces du corps, & à les augmenter par l'exercice. C'eft furtout dans les enfans que fe fait fentir plus vivement cette activité. L'efpérance flatteufe d'un heureux fuccès la nourrit. Le plaifir de voir ce que peuvent nos forces, nous dédommage de la peine que nous a caufé le travail, il eft même un motif preffant d'en entreprendre un nouveau. L'oifiveté répugne donc à la nature ; elle tire fon origine de la foibleffe du corps, de l'éducation, de l'exemple, quelquefois de l'orgueil. L'habitude l'identifie, pour ainfi dire, avec nous mêmes.

LXIII. L'homme a des rapports naturels avec différentes chofes qui font hors de lui. Il a befoin de les poffeder & de s'en fervir foit pour le foutien de la vie, foit pour fe procurer différentes fortes de plaifirs vrais. Quand on confidère ces chofes extérieures comme propres à cet ufage, c'eft avec raifon qu'on les met au nombre des *biens* & qu'on leur en donne le nom. Quelques anciens ont prétendu qu'on ne devoit point appeller *biens* des chofes dont la privation n'eft point incompatible avec le bonheur. Mais cette objection n'eft pas fondée, parceque le bonheur renferme des parties acceffoires & *paffagères* qui ajoutées ou retranchées en augmentent ou diminuent la quantité (7. 14).

LXIV. *Le prix intrinfeque* de ces biens fe tire du rapport qu'ils ont avec le bonheur de celui qui les défire ou les poffede, & c'eft par ce prix qu'on peut juger comment & combien il eft con-
for-

forme à la nature de chercher à les acquérir ou à les conserver.

Or il y a deux espèces de vrais *besoins*, les besoins absolus ou *physiques* & les besoins *hypothetiques* ou relatifs. Ceux-cy sont particuliers à quelques classes de la société, & sont produits par la situation *accidentelle* ou se trouvent quelques hommes. Cette situation fait que pour éloigner les maux d'eux-mêmes & de la société, & pour accroître leurs biens & les siens, ils ont besoin de plusieurs choses dont les hommes d'une autre classe peuvent être privés, sans que leur bonheur particulier & celui du public en souffrent. Les besoins *absolus* communs à tous les hommes ne s'étendent qu'aux choses qui intéressent essentiellement la vie, la santé, & les forces du corps & de l'ame. C'est par la grandeur des maux qu'entraîne la privation, qu'on peut estimer les dégrés du besoin absolu.

LXV. Que la nature se contente de peu, & que le besoin absolu soit resserré dans des bornes très étroites (64), c'est ce que démontre la vie simple & cependant agréable des *Nomades*, peuples belliqueux, & surtout des *Nomades Septentrionaux*, ainsi que celle de la derniere classe du peuple de toutes les nations. Abdolomine n'avoit rien, & rien ne lui manquoit. Mais la premiere *éducation*, *l'exemple* & *l'habitude*, surtout dans les grandes sociétés, reculent les bornes du besoin, & étendent les désirs des hommes beaucoup au delà des limites que la nature leur a fixées. L'habitude de posséder beaucoup de choses dont chacune peut faire éprouver quelque plaisir, ou celle d'envier le sort de ceux qui les possèdent, fait naître
l'ha-

l'habitude de ne point mettre de bornes à ſes défirs. L'homme dans la détermination de ſes beſoins commence ordinairement par ſe rendre eſclave d'autrui & le devient enſuite de lui-même.
C'eſt ainſi qu'il s'accoutume à donner du prix à
des biens peu néceſſaires, dont la poſſeſſion ne le
rend pas heureux, & dont la privation le rend malheureux du moins en opinion (64).

Ceci peut faire comprendre pourquoi les hommes
ſont ou ne ſont point d'accord entre eux dans les
idées qu'ils ſe forment des beſoins, & pourquoi dans
les différentes époques de la vie, le même homme
eſt ſi différent de lui-même à cet égard.

LXVI. Comme les beſoins qui ne ſont fondés
que ſur l'*exemple* & l'*habitude* (55) agitent notre ame
par des déſirs & des craintes que l'imagination
reproduit ſans ceſſe, quelques Philoſophes croïant
trouver la cauſe du mal dans un penchant trop
fort pour les plaiſirs des ſens, ils ont banni preſque tous ces plaiſirs de l'idée du bonheur. Devons nous en conſéquence les rejetter comme
nuiſibles, & ne donner que peu ou point de prix
aux objets qui les cauſent? Eſt-ce vivre que de
n'en faire aucun cas à l'exemple du *Scythe Ana-*
charſis , qui en renvoyant à Hannon ſes
préſens lui répondit en ces termes : ,, Mon
,, vêtement eſt celui des Scythes, l'endurciſſe-
,, ment de la plante des pieds me tient lieu de
,, .chauſſure, la terre eſt mon lit, l'appétit eſt
,, l'aſſaiſonnement de mes mêts : je me nour-
,, ris de lait, de chair & de fromage, &c. ''

LXVII.

LXVII. Quoique les plaifirs des fens foient de *courte durée*, que *l'uniformité les rende infipides* & qu'*ils paffent avec l'âge*, ils ne font cependant pas faux (9). S'ils amolliffent quelques fois, ils ne font pas cet effet fur tout le monde, & ils ne le font inévitablement fur perfonne (43). L'ame en a befoin au contraire pour conferver & perfectionner fes facultés.

Enfin la nature offre fes biens aux hommes, & les hommes font organifés de maniere qu'ils les défirent & peuvent en jouir. Ainfi vouloir fe faire violence au point de méprifer tout ce qui flatte les fens, c'eft rejetter les préfens d'une nature bienfaifante qui s'occupe du bonheur de l'homme. (20).

LXVIII. A l'égard des plaifirs qui rempliffent les jours des voluptueux efféminés, ils font nuifibles, parcequ'ils énervent le corps & l'ame. Les plaifirs innocens deviennent auffi nuifibles non par eux mêmes, mais parcequ'ils deviennent *un befoin* pour celui à qui l'habitude les a rendu néceffaires, au point qu'ayant entierement ou presque entierement perdu le gout des autres plaifirs il fe croit *malheureux d'être privé* des plaifirs des fens. (65). En fe livrant uniquement à ceux-ci auquels elle eft accoutumée, l'ame perd de vue des biens plus confidérables, & fon exiftence lui devient à charge. Ce dégout de foi-même eft ou *momentané*, lorsque dans l'intervalle qui fépare les plaifirs paffés des plaifirs nouveaux le voluptueux fent un vuide qui l'éloigne de lui-même, ou *perpétuel*, lorsque l'âge qui émouffe les fens, l'aïant rendu infenfible au plaifir, il ne lui refte qu'une vie trifte & languiffante.

LXIX.

LXIX. Ni les forces du corps, ni l'abondance des biens jointes à un ufage raifonnable ne fuffifent pour le bonheur. Les biens font des chofes périffables, & les forces du corps font fragiles & expofées à mille accidens. L'ame par conféquent ne peut fonder l'efpérance certaine d'un plaifir durable fur aucune des chofes qui font hors d'elle; mais c'eft au dedans d'elle-même qu'elle doit s'ouvrir une fource intariffable de plaifirs.

LXX. La nature lui en montre la voïe; elle lui a infpiré le défir de connoître, défir qui eft plus vif dans les enfans parceque leur entendement, femblable à une table rafe, a befoin d'acquérir plus promptement & de lier un grand nombre d'idées. La découverte & la connoiffance de la vérité, furtout la vüe claire du rapport qui eft entre les objets divers, nous font éprouver une fatisfaction fi fenfible & fi *durable*, elles élevent fi fort l'ame en lui donnant le fentiment de fa dignité, que la nature en offrant à l'homme des fruits fi agréables de fon application (29) lui fait entendre clairement que ces plaifirs font partie *du fyftême naturel du bonheur* (19).

LXXI. Si on réfléchit fur ces impulfions de la nature & fur les maux produits par l'ignorance & par l'erreur, la raifon portera à conclure que l'ame doit travailler 1°. *à perfeftionner fes facultés*; 2°. à en faire ufage pour acquérir un fond auffi confidérable qu'il eft poffible *de connoiffances utiles*. L'ame perfeftionne fes facultés lorfqu'elle acquiert la facilité d'en faire l'ufage auquel elles font déftinées. Un ufage contraire à leur nature indique qu'elles font corrompues; & leur foibleffe

bleffe fe manifefte lorsqu'elles ne fe prêtent que difficilement à un emploi légitime. Donnons un exemple: la perfection *des fens* confifte dans la facilité qu'ils ont de repréfenter clairement & exactement à l'efprit plufieurs chofes préfentes à la fois: pareillement la perfection *du goût* dépend de la promptitude avec laquelle l'efprit apperçoit *clairement* la différence naturelle entre ce qui eft beau & ce qui ne l'eft pas. Il eft inutile de parler des autres facultés dont traitent les Pfychologiftes.

LXXII. Les connoiffances *utiles* que l'ame qui chérit fon bonheur doit, comme nous l'avons dit (71), chercher à acquérir, font celles qui peuvent fervir à éloigner & à adoucir les maux de la vie, à en accroître les biens & furtout ceux dont les fruits durables s'étendent au delà du tombeau. Le prix des connoiffances utiles fe tire de la grandeur des biens dont elles procurent l'acquifition.

LXXIII. Cela nous fait connoître le prix des arts & des fciences. Ils font propres à perfectionner les facultés de l'ame, & nous procurent un fonds confidérable de connoiffances utiles & agréables. Les peuples privés de connoiffances ne font pas pour cela féroces & infociables. La vie paftorale, celle qui s'occupe des travaux de la campagne, la vie errante de ceux qui font adonnés à la chaffe, n'eft pas une vie entierement *animale.* L'ignorance du mal eft fouvent plus avantageufe à ces nations que ne l'eft à des nations policées la connoiffance du bien. Néanmoins un efprit cultivé eft toujours moins expofé poſé aux maux produits par l'ignorance & ſurtout par l'erreur, qu'un eſprit groſſier & engourdi, qui n'a reçu ni ne peut ſouffrir aucune culture.

LXXIV. Toutes-fois ni la grandeur du génie ni les plus hautes connoiſſances ne rendent heureux celui qui ne ſait pas ſe commander à lui même. Le bonheur dépend d'une force d'eſprit différente de celle là. En effet toute connoiſſance *vraie* & *diſtincte*, même celle du bien & du mal, n'eſt pas efficace, ou aſſez forte pour déterminer l'ame à agir conformément à ſes lumieres. Lorſque la paſſion conſeillant une choſe & la raiſon une autre, il arrive que la première l'emporte, l'ame dans ce cas pouſſée par des motifs contraires ſe détermine, comme malgré elle & avec un *plaiſir mêlé de douleur* (5) pour ce qui lui eſt agréable, quoiqu'elle ſache que cela lui ſera nuiſible. Perſonne n'ignore les fureurs de Médée *qui voit l'abîme & ſe précipite dans le crime qui y conduit?* Les irréſolutions de Myrrha qui doute, différe, recule, tremble & finit par ſouiller la couche de ſon pere, ſont connues de tout le monde. Quelle eſt la cauſe du mal? quel en eſt le remede?

LXXV. L'erreur eſt la cauſe prochaine du mal. Ou l'on s'attache aux faux biens en les regardant comme véritables (9. 10); ou l'on s'éloigne d'un mal imaginaire qui eſt un bien réel, faute de diſcerner les caractères qui les diſtinguent; ou l'on ſe trompe dans la meſure du bien ou du mal en prenant pour moindre celui qui eſt plus grand. Ce que nous avons dit ſur l'évaluation du plaiſir (7) peut ſervir, dans les biens & les maux, à juger quels ſont les plus grands ou
les

les moindres. Conféquemment il peut arriver de quatre manières que l'ame qui choifit & agit s'écarte de la route du bonheur.

LXXVI. Les deux efpeces d'erreur dont nous venons de parler (75) tirent leur origine, ou de l'ignorance des vraïes regles du bonheur (24) [nous avons vu comment on doit remédier à cette ignorance] (71); ou de la foibleffe de la liberté. La liberté (30) eft foible, lorsque l'ame eft *peu capable d'attention*, c. a. d. lorsqu'elle éprouve trop de peine à écarter les penfées qui peuvent la diftraire, & à s'occuper de prévoir les effets de fes actions, & de les balancer pour fe déterminer par des idées claires.

LXXVII. Les caufes de cette foibleffe, autant que l'expérience & la raifon peuvent les faire connoître, font prochaines ou éloignées. La plus prochaine eft le fentiment vif d'un effet agréable immédiatement lié à l'action, preffentiment qui écarte la penfée d'un effet défagréable, mais éloigné, ou qui du moins ôte à cette penfée toute la force qu'elle pourroit avoir pour nous déterminer. Nous avons dit plus haut (8) comment cela fe fait. La rapidité avec laquelle l'ame peut eftimer la grandeur du bien & du mal, voir & calculer la probabilité de l'un & de l'autre, & en déterminer la proximité, cette rapidité, disje, augmente l'impulfion. L'ame dans ce cas eft tellement agitée que des penfées contraires ou ne trouvent point d'entrée, ou s'évanouiffent promptement fans effet.

Qu'on propofe deux maux, l'un grand & prochain, l'autre plus grand & éloigné, l'ame voit dans le premier

C

mier

mier un rapport plus préfent avec fon état actuel. Le mal éloigné lui paroît moins certain & la touche de moins près. L'idée de la poffibilité des événemens qui peuvent l'écarter lui donne une forte de confiance qu'il n'eft pas inévitable. Dès lors elle ne s'occupe que d'éloigner le mal imminent dont elle fe voit menacée. Plus l'imagination eft prompte à peindre les maux prochains, plus elle les fait voir comme préfens. L'ame dans ce cas en a auffitôt un *preffentiment* qui la détermine à les écarter & à choifir un mal éloigné pour fe délivrer de l'inquiétude actuelle.

LXXVIII. Comme la connoiffance eft d'autant plus efficace qu'il faut à l'ame moins de tems pour parcourir les motifs d'agir: (17.) il eft clair que la connoiffance, quand elle eft *diftincte*, doit avoir *moins de force* pour déterminer la volonté. La longue attention qui eft requife pour confidérer les uns après les autres tous les effets des actions, tant ceux qui font prochains que ceux qui font éloignés, & l'analyfe lente qu'il faut en faire en affoibliffent l'impreffion. Ainfi il peut arriver qu'au moment que la connoiffance devient extrêmement diftincte elle ceffe d'être efficace.

Pour prévenir cet inconvénient, il eft néceffaire de s'accoutumer à donner autant d'attention aux effets éloignés qu'on en donne à ceux qui font prochains, & à en rendre l'idée auffi vive que s'ils étoient préfens. Il faut que l'ame en ait la vûe *intuitive*; car fi elle ne porte fon attention que fur les mots qui les expriment fans fe repréfenter diftinctement les chofes, fa connoiffance fera fans force & fans efficacité. Ainfi un juge qui veut infpirer à un témoin du refpect pour le ferment,

ne

ne fe contente pas de menacer en général les par-
jures de la colere de Dieu ; il lui montre que la
foudre les frappe dès cette vie ; pour donner plus
de force à fes difcours, il met fous fes yeux des
images effrayantes de tous les maux qu'il annonce, de manière que celui qui fe difpofe à faire le
ferment eft forcé de les regarder comme inévitables & imminents.

LXXIX. Le caractere naturel , les penchans
dominants, les émotions vives de l'ame ou les
paffions font aux yeux de l'expérience & de la raifon, les caufes éloignées de la foibleffe de la liberté.
Le *caractère naturel* , qui dépend du *tempérament* , n'eft autre chofe que la *proportion naturelle des inftincts naturels.* Cette proportion met
entre les hommes autant de différence que *l'efprit*,
confidéré dans un fens général; & l'efprit n'eft
autre chofe que la *proportion naturelle des forces de l'entendement.* On ne connoît pas bien
la caufe de cette différence : c'eft avec raifon
qu'on l'attribue en partie à l'organifation qui
n'eft pas exactement la même dans tous les hommes. Le caractere naturel *n'ôte* point la liberté (50).

LXXX. Les penchans *dominants* naiffent de l'habitude de préferer conftamment certains objets
agréables à tous les autres. Delà cette promptitude avec laquelle l'ame comparant les plaifirs qui
s'offrent aux plaifirs qu'elle eft accoutumée de
préferer, rejette les premiers, s'ils font contraires
aux derniers, les recherche, s'ils y font conformes , & détourne fon attention de tout ce
qui paroît n'avoir aucun rapport , ou qu'un

 rap-

rapport éloigné avec son penchant dominant. L'effet de ce *penchant* est de suspendre l'activité de l'ame & de l'empêcher de donner à chaque chose son véritable prix , de l'asservir tellement qu'elle ne juge plus du bien & du mal que relativement aux affections qui ont jetté chez elle de profondes racines.   Comme il est difficile de remédier à cette servitude, il faut en prévenir à propos les progrès; 1°. en s'occupant vivement & constamment des maux qu'elle entraîne, 2°. en se faisant une habitude de se priver des plaisirs même légitimes, lorsqu'ils ont du rapport à ce penchant.

LXXXI. Les affections de l'ame, (79) ou autrement ces sentimens vifs de désir ou d'aversion pour quelque objet vivement réprésenté à l'esprit sont appellées *passions* ; mais avec peu d'exactitude.   Elles ne prennent pas toujours sur la liberté un empire qui les rende nuisibles.   Ce qui fait voir que c'est à tort que quelques Anciens les ont regardées comme un *trouble* de l'ame, & les ont mises au rang des vices qui appartiennent à *l'intempérance.*   Entre les biens les uns sont plus que les autres dignes d'être recherchés. Par conséquent l'ardeur avec laquelle l'ame se porte vers quelque bien n'est point opposée à la nature, dès qu'elle est proportionnée à l'excellence de ce bien, & dirigée par une connoissance vraïe , quoique confuse.   Si la recherche d'une vérité cachée n'est point un mal, quoiqu'elle exige une pénible contention d'esprit, & que l'ame fatiguée de ses efforts ait besoin de réparer ses forces.   Si le travail des mains n'est point contraire à la nature, malgré les fatigues qui en font la suite, il est également
lement

lement vrai que toute paſſion n'eſt pas nuiſible, quoiqu'elle donne à l'ame & au corps des mouvemens qui laiſſent après eux une foibleſſe paſſagere.

LXXXII. Les paſſions ſont nuiſibles ; 1°. lorsqu'elles nous portent à rechercher ce que nous devions fuir, & à fuir ce que nous devions rechercher ; 2°. lorsqu'elles donnent à l'ame & au corps un mouvement ſi violent que les ſuites en font plus à craindre que le bien qui en eſt l objet n'eſt à déſirer (75).

LXXXIII. Pour remédier aux paſſions qui naiſſent de nos *faux jugemens* ſur le bien & le mal, il eſt néceſſaire de rectifier nos idées Fuir la préſence des objets qui feroient capables d'émouvoir l'ame & de l'aveugler, n'eſt qu'un reméde palliatif.

Pour retenir dans de *juſtes bornes* des paſſions dont l'objet eſt légitime, il faut examiner les cauſes *prochaines* & *éloignées* de leur violence, & y remédier autant qu'il eſt en notre pouvoir. Les cauſes prochaines dépendent ou de l'état du corps au moment que la paſſion s'allume, ou de l'aſſociation *rapide* (8) de pluſieurs idées ſemblables que les ſens & l'imagination préſentent à la fois, & dont l'action réünie eſt ſi forte que la paſſion ſouverainement exaltée éclate avec violence.

Parmi les cauſes *éloignées* nous mettons *les penchans dominans* (80), & la répétition fréquente des mêmes émotions. Si ces émotions deviennent *habituelles*, elles opèrent l'impuiſſance morale de réſiſter à la paſſion naiſſante. Les impreſſions habituelles de l'a-

me

me forment fur le vifage des traces durables dont l'étude eft l'objet des *Phyfionomiftes*.

LXXXIV. La liberté (50) eft appellée *liberté morale*, lorsqu'elle eft débarraffée des obftacles qui s'oppofent à fon activité. Connoître les caufes qui peuvent l'affoiblir, travailler à les fupprimer ou à éloigner les obftacles qui peuvent l'arrêter, c'eft le premier dégré de cette liberté. Elle croît à proportion que les caufes qui l'affoibliffent perdent de leur énergie. Son plus haut dégré eft ce que nous appellons la *force de l'ame*. Les deux principaux effets de cette *force* de l'ame font l'un, la *victoire fur foi-même*, l'autre, le *courage* & la *patience*.

LXXXV. On eft parvenu à fe vaincre foi même, quand, pour fe procurer un plus grand bien dans un avenir éloigné, on renonce fans regret & fans de grands efforts aux objets qui promettent de grands plaifirs, & les plaifirs qui ont le plus de rapport aux penchans dominans. Si le plus grand bien auquel nous facrifions nos penchants fait *directement* le bonheur de nos femblables, & ne fait le nôtre qu'*indirectement*, la victoire fur nous mêmes eft beaucoup plus noble que dans le cas oppofé. La férénité qu'une telle victoire produit dans l'ame, l'efpérance fondée que nous ferons dédommagés de nos pertes, le refpect fecret dont tous les fpectateurs & même les envieux (47), fe fentent pénétrés à la vüe d'un tel caractere, tout prouve la vérité de cette regle: *pour être heureux, il faut fe vaincre foi-même*.

LXXXVI.

LXXXVI. La nature nous infpire de l'averfion pour les douleurs & furtout pour les douleurs vives; néanmoins la raifon veut quelquesfois que nous confentions à les éprouver; or il eft en notre pouvoir d'y confentir. De la même maniere que le fentiment d'un mal plus grand étouffe celui d'un moindre mal, la crainte d'une douleur plus grande furmonte auffi celle d'une moindre douleur. Pour fe déterminer à choifir le mal qui eft moindre, il faut feulement fe pénétrer de toutes les idées qui peuvent infpirer, nourrir & fortifier la crainte du mal plus grand & qui doivent convaincre l'ame qu'elle n'a de choix à faire qu'entre ces deux maux.

Délibérer & fe déterminer avec promptitude en pareil cas, c'eft en quoi confifte le *courage*. C'eft là cette force de l'ame (84) à laquelle il appartient de braver fans héfiter des maux dont on eft prochainement menacé, dans la vüe de fe fouftraire à des maux *réellement* plus grands, mais éloignés. A ce caractere on diftingue la courage de la *témérité* qui cache le danger, ou de la ftupidité qui produit une *aveugle audace* que le fuccès même ne peut juftifier.

LXXXVII. L'effet du courage étant de nous garantir des maux plus grands que ceux auxquels il nous expofe, & de nous ouvrir la carriere des biens que nous devons préférer, le courage eft attaché au défir du bonheur. Tous les hommes le refpectent, parcequ'il annonce dans l'ame une grande force (47).

On peut le faire croître & l'animer, fans expofer continuellement les hommes au péril, & fans les tenir, pour ainfi dire, dans l'habitude des dangers; [Dans une Républi-

C 1

que

que militaire, p. ex. il est possible, sans qu'il y ait des guerres continuelles, d'entretenir la valeur du soldat.] il n'y auroit qu'à subftituer aux combats les moïens qui font fentir vivement que la timidité & la lâcheté font fuivis des maux les plus grands & les plus inévitables. La réflexion, l'éducation, l'exercice peuvent guérir la timidité.

LXXXVIII. Les maux que nous fouffrons font d'autant plus accablans que nous en jugeons la ceffation moins vraifemblable : c'eft ce qui arrive lorsque nous en ignorons la caufe, ou que nous voïons qu'il n'eft pas en notre pouvoir de l'écarter. On fuccombe à la douleur, quand on s'occupe uniquement de la grandeur des maux & de la penfée qu'ils n'auront point de fin, quand l'imagination raffemble toutes les idées acceffoires qui peuvent en aigrir le fentiment. C'eft ainfi que la trifteffe s'empare de l'ame & la fixe fur une feule idée. Dans cet état les raifons de préferer l'exiftence à l'anéantiffement ne font presque plus d'impreffion. La trifteffe enfin eft à fon comble, quand on fe perfuade qu'on n'a pas le plus petit dégré de bonheur à efpérer, & lorsque n'éprouvant plus aucun fentiment agréable, on voudroit n'avoir pas exifté, & qu'on en vient jusqu'à défirer de ne plus être. Ce n'eft point une néceffité phyfique qui produit cette mélancholie ; c'eft la faute de l'homme qui ne fait pas un bon ufage de fa liberté.

Travailler à fe rendre infenfible à la douleur, c'eft le remede le moins naturel contre l'excès de l'affliction. Outre que l'ame une fois endurcie ne peut pas plus recouvrer fa fenfibilité qu'un malade après une

léthar-

léthargie qu'il s'eft procurée ne peut reprendre fon ancienne vigueur, une telle vie, ou comme l'appellent quelques anciens, une vie *d'une feule couleur* feroit *fans faveur.*

LXXXIX. Etouffer le fentiment du mal dans les bras de la volupté, c'eft la même chofe que d'avaler un poifon agréable qui infailliblement l'aigrira. Indépendamment des confolations que la Religion fournit, & de la reffource du tems qui calme la douleur, l'ame ne peut-elle point trouver en elle-même quelques foulagemens? Il faut prévoir les maux, étudier l'art d'oublier le paf- fé, & fe procurer plufieurs caufes de plaifir afin de pouvoir remplacer celles qui viennent à manquer.

Quand l'ame preffée par la douleur porte une attention vive fur les reffources qui lui reftent pour fe procurer du plaifir, ou fur celles qu'elle peut acquérir, quand, dans cet état, elle jouït de ces plaifirs, ou travaille à en obtenir la jouïffance, elle eft douée de cette force, de ce courage qu'on appelle *patience.* La patience eft le bouclier que nous devons oppofer aux traits de la douleur pour en rompre la violence. Car ce qui produit l'abattement de l'affliction eft moins la douleur, que l'inquiétude qui l'accompagne, & la crainte que la douleur ne foit toujours affez vive pour effacer tout fentiment agréable.

XC. Les biens & les maux de cette vie dépen- dent en grande partie du hazard. Le *hazard* eft la fuite des caufes qui concourent à la production des événemens humains, en tant que ces caufes font inconnues & au deffus du pouvoir de tous les hommes, ou feulement de ceux auxquels elles

font

font avantageufes ou nuifibles.   Ces évenemens ne font *fortuits* que relativement à nos *connoiſſan-ces* & à nos forces.   Vouloir les connoître par la divination & la magie, c'eſt tenter follement l'impoſſible & méconnoître en même tems l'avantage qu'il y a de les ignorer.   Un bien ne nous fait plus le même plaiſir, lorsqu'il a été long-tems attendu, & un mal prévu de loin ſe multi-plie à raiſon du tems pendant lequel l'ame s'en eſt occupée.   C'eſt pour nous ménager l'avanta-ge attaché à des biens imprévus, & pour nous épargner les peines attachées à la prévoïance des maux que Dieu a couvert l'avenir d'un voile im-pénétrable.

Il y a un *art de jouïr* du préſent.   Cet art ſe fonde en partie ſur l'ignorance des évenemens futurs, ſoit de ceux ſur lesquels nous ne pouvons rien, ſoit de ceux que nous ne pourrions empê-cher qu'à notre préjudice, s'il nous étoit donné de les prévoir.

La *prudence* qui étend en quelque forte ſon em-pire ſur l'avenir produit dans l'ame une douce ſa-tisfaction.   Elle eſt utile au genre humain, lors même que les événemens dont nous ne pouvons nous rendre maîtres déconcertent nos projets.

XCI. La crainte d'être traverſés par la fortu-ne, ou l'eſpérance d'en être favoriſés ne doit ja-mais être le motif principal de nos déterminations (43).   Sitôt que les effets néceſſaires de nos ac-tions noůs promettent un bon ſuccès, & qu'il eſt vraiſemblable que leurs effets accidentels ne ſe-ront pas moins favorables, nous ne devons pas être arrêtés par la crainte de voir échouer nos deſſeins contre des événemens *fortuits* dépendans
de

de caufes que nous ne pouvons ni prévoir ni fuf-
pendre (39). Comme auffi l'efpérance infenfée
d'un hazard heureux ne nous doit pas engager
dans des actions dont nous pouvons prévoir avec
vraifemblance que les fuites en feront mauvaifes.

XCII. On voit par là ce qu'il faut penfer
d'une entreprife douteufe, difficile, périlleufe,
dont il eft probable que le fuccès fera fuivi de
grands biens. Les motifs qui peuvent légitimement nous déterminer à hazarder une entreprife
pleine de dangers font en raifon compofée 1°.
de la vraifemblance du fuccès, 2°. de la grandeur des biens qui en feront la fuite, fi elle réüffit, 3°. du peu de mal qui en peut réfulter quelqu'en foit l'événement. En fe conduifant fur ce
principe, on n'aura point à fe repentir d'une
conduite contre laquelle la fortune fe fera déclarée ; & Théophrafte a eu tort de dire que c'eft le
*hazard & non la fageffe qui préfide aux événemens
de la vie.*

XCIII. Lorfque dans les entreprifes juftes &
bien concertées on eft fans ceffe traverfé par la
fortune, c'eft le propre d'une ame forte de conferver la patience (88), & la fermeté, (86),
de fupporter les maux auxquels il eft impoffible
de remédier, de les adoucir par la prudence, &
par l'efpérance d'un avenir plus heureux, & de
continuer à faire le bien. L'ame paroît encore
plus grande, lorfque le vent de la profpérité con-
tinuant à être favorable, nous favons néanmoins
plier à propos nos voiles. En effet la fortune
en nous faifant éprouver fes rigueurs nous donne

ne des forces contre elle même.   Elle tend les
reſſorts de notre ame & nous porte à faire de
plus grands efforts pour nous tirer d'une ſitua-
tion pénible, & pour tourner à notre avantage
les événemens fâcheux.   Au contraire les plaiſirs attachés à une proſpérité continuelle nous
amolliſſent, & dans l'yvreſſe & la ſécurité ou nous
plongent les faveurs de la fortune, les reſſorts de
notre ame ſe relâchent tellement que l'adverſité
nous trouve ſans reſſource, & ne ſachans lui oppoſer que des regrets éternels.   Plus il eſt difficile
de conſerver la force de l'ame dans le ſein de la
proſpérité, plus celui qui la conſerve montre
l'étendue *de ſa liberté* (84).   Nous voïons dans
l'Hiſtoire pluſieurs Généraux à qu'il a été plus
facile de réparer leurs défaites, que de tirer parti
de la victoire.   La ſentence d'*Abdolomine* eſt auſſi
connue que vraïe.

XCIV. La mort terme néceſſaire de tous les
hommes eſt le plus certain des événemens *fortuits*.   Elle eſt *fortuite* à raiſon de l'incertitude
du moment ou elle arrive (90).   La nature aïant
attaché tant de charmes à la vie, la penſée de la
mort ne peut qu'être amere.   Néanmoins comme toute peine n'eſt pas oppoſée au bonheur
(14), comme il y a même des peines qui y contribuent, celles, p. ex. qui ſervent à en éviter de
plus grandes ou à acquérir quelque bien plus
grand (61), il eſt évident que la mort, conſidérée ſous ce rapport, ne doit pas toujours être
miſe au nombre des *maux véritables*.   Si nous ne
cherchons pas à nous ſouſtraire à une douleur
vive que nous ſavons certainement devoir être
de courte durée, & qui eſt néceſſaire pour nous
garan-

garantir d'un plus grand mal; par la même raifon nous ne devons pas beaucoup craindre la
mort, & encore moins la redouter comme *le plus
terrible des malheurs*, la mort mettant fin à une
vie qui ne pouvoit être déformais que malheu-
reufe, ou, du moins, nous ouvrant la porte d'une
vie, dont nous pouvons légitimement efpérer
qu'elle fera plus heureufe.

XCV. Les hommes font ordinairement tourmentés par la crainte de la mort, & cette crainte eft ou une inquiétude habituelle qui les ronge,
ou une terreur fubite née de la préfence du danger, terreur qui en un inftant leur ôte le courage. C'eft en vain que pour remédier à la premiere efpece de crainte, on cherche à oublier la
mort en évitant tout ce qui peut en rappeller le
trifte fouvenir. Outre l'habitude des dangers,
plufieurs peuples ont oppofé à la feconde la fuperftition & la fraude. Mais, ainfi que les ftra-
tagêmes, ces moyens ne fervent que pour un
tems. Sitôt que l'illufion eft diffipée, on voit
la pufillanimité fuccéder à l'audace. La nature
demande d'autres reffources, elle veut qu'on furmonte la crainte fubite de la mort, par *une crainte plus grande* de furvivre à fa honte, & qu'on oppofe
la *penfée continuelle de la mort* à l'inquiétude dont on
eft travaillé par l'idée de cette derniere fin.

La penfée vive des maux attachés à la lâcheté nous fera *méprifer la mort*, & nous convaincra qu'il eft infenfé pour *conferver fa vie, de
fe rendre indigne de vivre.* La conviction de l'immortalité de l'ame, une vie pure telle *qu'on voudroit l'avoir menée au moment de la mort*, l'efpérance

rance ferme du bonheur futur, eſpérance dont nous parlerons plus bas: tels ſont les remedes à l'inquiétude qui accompagne la penſée de la mort. De cette maniere on comprendra aiſément que les peines occaſionnées par l'idée de la mort ſont des *peines volontaires* qui ne peuvent point l'éloigner, & dont l'effet unique eſt d'en répandre l'amertume ſur tous les inſtans qui précédent la derniere heure. Par conſéquent ſi nous voulons mener une vie agréable, attendons avec une ame ferme & bien diſpoſée le moment où l'ordre nous ſera donné de quitter notre poſte, & de paſſer à un meilleur ſéjour.

XCVI. Nous nous ſommes occupés jusqu'à préſent de l'homme appliqué à perfeftionner ſes facultés & à en faire uſage pour ſe rendre la vie agréable. Cette application de l'homme conſtitue *l'amour de ſoi-même.*

Cet amour eſt *vrai* & conſéquemment bon, s'il a pour objet des facultés réelles, & ſi la poſſeſſion de ſes facultés n'eſt pas illuſoire. S'il arrive au contraire qu'on prenne pour des facultés ce qui n'en eſt pas, ou qu'on ſe flatte de poſſéder celles qu'on ne poſſede point, l'amour de ſoimême eſt alors un amour *inſenſé;* il mérite plutôt le nom de *haine* que celui *d'amour de ſoimême.*

XCVII. Si ceux là s'aiment peu, qui, par une trop grande défiance de leurs forces, craignent d'entreprendre ce qu'il ſeroit en leur pouvoir d'exécuter, il eſt vrai auſſi que ceux qui s'exagérent à eux-mêmes leurs forces, je

ne

ne dis pas, s'aiment trop, mais ne s'aiment point du tout. *L'orgueil*, vice oppofé à la *modeftie* & né de l'impuiffance de fe *connoître* foi-même frappe l'efprit d'un aveuglement pernicieux. Car en nous faifant oublier les défauts qui accompagnent même le plus grandes qualités, il nous empêche de travailler à acquérir le mérite qui nous manque. L'orgueilleux trop plein de lui-même pour chercher à devenir meilleur s'arrête dans la carriere de la vertu, & eft ainfi fon propre ennemi.

SECTION IV.

Le bonheur de chaque particulier augmente par le fecours de la Société.

XCVIII. Dès le moment de leur naiffance les hommes fe trouvent engagés dans la Société, fans connoître encore les avantages qu'ils en retirent. Foibles, vuides de connoiffances, dépourvus d'alimens, ils reçoivent la nourriture de ceux qui font plus âgés. Leurs inftituteurs, ou leurs parens leur apprennent à parler; & avec l'ufage de la parole ils leur communiquent celui de la raifon.

L'enfant fent une répugnance naturelle pour la folitude. Un inftinct fecret le porte à *obferver* & à *imiter* ceux avec qui il vit, furtout fes égaux, & à *partager* avec eux fes plaifirs & fes peines. Il fe fent de l'attrait pour le faire: il s'aps'applaudit de l'avoir fait; il s'y accoutume comme à une chofe néceffaire.

Ce n'eft que dans un âge plus avancé que nous commençons à connoître diftinctement les grands & nombreux avantages que la Société nous procure. C'eft alors que comparant les biens & les maux des états divers, la raifon conclut que l'homme vivant loin de la Société feroit moins heureux qu'il ne peut l'être. La force de l'inftinct, celle de l'habitude, le fentiment de l'utilité que nous retirons de la Société furmontent les dégoûts occafionnés par les défagrémens que nous y éprouvons ; & c'eft pour cette raifon qu'on voit fi peu d'hommes qui fe déterminent, à l'exemple des anciens Anachoretes, à fe féparer du commerce de leurs femblables.

XCIX. L'*Analogie* prouve la même chofe (40). Rien dans ce monde n'eft ifolé, tout y eft lié, & chaque chofe eft tellement enchaînée à une autre, qu'elles fe prêtent toutes des fecours mutuels. La nature ne fe dément jamais: (19) Cette feule raifon fuffit pour prouver que par la condition naturelle du genre humain l'homme à néceffairement befoin de fon femblable.

La volonté du Créateur fe fait connoître par fes ouvrages. Ainfi le befoin que nous avons les uns des autres joint à l'inftinct qui nous rapproche, fait voir évidemment que Dieu a eu deffein d'*unir* les hommes & de leur départir une portion déterminée de bonheur fous la condition qu'ils fe prêteroient des fecours mutuels. D'où il fuit que Dieu défapprouve cette vie folitaire qui tend a féparer ceux que la nature a unis.

C.

C. Ainſi il eſt vrai ſans reſtriction que la vie ſauvage ne convient point à la nature humaine, & que les hommes ſont faits pour vivre en ſociété. Cet état des hommes qui réuniſſent leurs forces pour parvenir en commun au bonheur qui leur eſt deſtiné, eſt appellé *la Société du genre humain.* Comme c'eſt la nature qui lie l'homme à ſon ſemblable, on dit avec raiſon que la ſociété eſt *naturelle.* D'où il ſuit que c'eſt *Dieu qui l'a établie* (29). Connus, inconnus, noirs, blancs, tous les hommes, par cela qu'ils ſont hommes, ſont naturellement aſſociés.

CI. Reſte à voir ſi la nature qui a mis la ſociété au nombre de nos beſoins (100), nous a en même tems fait propres à l'entretenir, c. à. d. ſi elle a mis en nous la *diſpoſition* de contribuer au bonheur commun par la réunion de nos forces avec celles de nos ſemblables; ou s'il n'eſt pas vrai plutôt que nos intérêts & par conſéquent nos paſſions s'entrechoquent naturellement. En un mot, la nature portet-elle les hommes qui vivent en ſociété à être auſſi méchans, auſſi pervers, que nous les dépeignent *Hobbes*, ce grand détracteur de l'humanité, & ſes ſectateurs.

A les entendre, l'homme eſt toujours contraire à lui-même, il a beſoin de la ſociété, il la deſire, & cependant, pouſſé par la malice qui lui eſt naturelle, il cherche à la détruire. Privé de l'uſage de la parole, lorſqu'il prend place dans l'eſpéce humaine, nud, dépourvu de tout, redevable de ſa conſervation à la pitié de ſes ſemblables, à peine a t-il acquis des forces & l'art de s'en ſervir, à peine commence t-il à les ſen-

D

tir,

tir, qu'au même inftant il laiffe appereevoir combien il eft inhumain, méchant, envieux, vin-
dicatif, cruel, arrogant, défiant quand il s'agit
de fon intérêt, & intraitable, à moins que des
forces fupérieures ne le faffent toujours trembler.   Il y a plus de deux mille ans que Dicear-
que, comparant, dans un livre *fur la mortalité du
genre humain*, les différentes caufes de la deftruction de notre efpèce, a conclu que les guerres
& les féditions font de toutes les calamités, celles qui ont fait périr le plus d'hommes.   La fcene a-elle changé depuis ?

CII. C'eft abufer de ces faits, que de s'en fervir pour accufer la nature humaine.   L'homme
naît avec un *fentiment d'humanité* ; c. a d. que
nous portons en nous mêmes un fens intérieur
qui nous fait reconnoître l'excellence de l'homme & fa fupériorité fur tous les êtres animés &
inanimés. Une fympathie naturelle nous intéreffe
aux biens & aux maux de nos femblables, nous
les fait reffentir avec promptitude, comme s'ils
nous étoient propres, & nous fait partager les
peines & les plaifirs de ceux que nous voïons affligés ou contens.
L'amour que nous infpirent l'*idée de la bonté*,
& les actions dont elle eft le principe, eft un
fentiment du même genre.   Nous entendons par
bonté une difpofition habituelle de chercher avec
empreffement & d'aimer à trouver du plaifir dans
ce qui fait l'avantage réel des autres.   L'idée
d'une *telle bonté* a un puiffant attrait pour nous.
Elle réveille notre attention, elle la fixe, elle la
féduit, & nous fait éprouver les fentimens les
plus agréables.   Le raifonnement n'a point de
part

part à ces effets. L'image de *la bonté* nous attire avec la même promptitude, que celle de *la malice* nous repouffe. En vain chercheroit-on dans celle - cy quelque chofe qui pût nous flatter & nous plaire, l'ame s'y refufe, & le fens intime nous convainc qu'elle doit néceffairement nous déplaire, & par conféquent qu'elle eft oppofée à notre nature. Quiconque reffembleroit à Timon nous feroit horreur. Un caractère qui annonce de la bonté, plaît, même dans un inconnu. On admire les grandes actions, la vertu qui brave le danger, le courage intrépide qui prend la défenſe du foible contre le fort qui l'opprime, la noble fierté de ceux qui attaquent les préjugés dominans pour leur arracher des victimes plus infortunées que coupables &c.

Outre ce *fentiment intime* par lequel nous approuvons ce qui eft utile à la fociété, & nous *désapprouvons* ce qui lui nuit, le feul plaifir de faire du bien, fans aucun autre avantage perfonnel, eft encore un *motif* puiffant qui nous porte à fecourir nos femblables. La défir dont chacun eft animé pour fon propre bonheur eft la fource de toutes ces impulfions, qui, quoiqu'en difent certains Philofophes, lui font toutes fubordonnées, & n'en font nullement indépendantes (12).

CIII. L'inftinct de la bonté lequel eft naturel à l'homme a pour objet d'éloigner des autres le *mal* qu'ils fouffrent *actuellement*, ou de leur procurer un bien actuel. Dans le premier cas, c'eft *commifération*, dans le fecond, c'eft un penchant à être *communicatif*. Voir fouffrir les autres, & fur tout les voir victimes de la perfidie, de l'injuftice, de la cruauté de leurs femblables, de la

ma-

malice qui se plait aux larmes qu'elle fait répandre, est un spectacle insupportable pour nous, notre cœur s'enflamme, la pitié nous identifie subitement avec les malheureux, & nous sentons un besoin pressant de repousser le mal dont nous sommes témoins, comme si ce mal étoit le nôtre. Les affligés, pour nous intéresser à leur sort, n'ont pas besoin de nous adresser leurs prières. Nous sommes même plus touchés de leur état, ainsi que l'a judicieusement remarqué Cicéron, lorsqu'ils ne *demandent* ni *ne dédaignent* notre commisération, que lorsqu'ils *l'implorent*.

La nature porte également les hommes à faire part de leurs plaisirs à leurs semblables. Les enfans dans leurs jeux éprouvent la force de cette impulsion. Hors de l'enfance, l'homme y obéit dans ses affaires les plus sérieuses. Apprendre aux autres ce qu'ils ignorent, donner conseil à ceux qui en ont besoin, remettre dans la voïe ceux qui s'égarent, avoir meilleure opinion de ses forces, lorsqu'elles ont été employées à l'avantage des autres & de soi-même, sitôt qu'on a fait quelque bonne action, c'est obéir à une impression secrette de la nature. Enfin c'est la nature, & non un raisonnement long & pénible, qui fait trouver *du plaisir à voir des heureux, & un plus grand plaisir à en faire.*

CIV. A ces inclinations la nature en a joint d'autres *indirectement utiles à la société.* Elles ont pour objet direct notre avantage propre, mais elles nous ôtent l'envie de nuire aux autres, & nous portent, sans que nous nous en appercevions, à les obliger. De ce nombre sont la *crainte du mépris, le désir de l'estime & le désir fir des plaire.* *La crainte du mépris* eſt un principe quelquefois plus réprimant que les loix. La crainte du *ridicule* en eſt une branche ; cette crainte produit l'attention à éviter dans nos paroles & dans nos actions tout ce qui peut être un objet de dériſion.

CV. Après la crainte du mépris vient *le déſir de l'eſtime.* Il n'y a perſonne qui ne ſe ſente intérieurement pénétré d'eſtime pour le mérite, & à qui les imperfections ne cauſent du dégoût (47). De là vient que chacun fait grand cas non ſeulement des avantages qu'il poſſède, & s'afflige des imperfections qu'il remarque en lui-même, mais encore deſire naturellement que ſes qualités ſoient connues & eſtimées. La nature attache à l'eſtime qu'elles obtiennent un grand plaiſir, qui ſe fait ſentir même dans l'enfance. La totalité des actions par lesquelles nous cherchons à faire connoître aux autres ce que nous ſommes par les qualités du corps, de l'eſprit & du cœur, afin d'obtenir leur eſtime, eſt ce qui conſtitue *l'honneur* ou le déſir de l'eſtime.

Comme la crainte du mépris éloigne les hommes du mal, (104) l'honneur ou le déſir de l'eſtime qui renferme le reſpect pour les jugemens d'autrui devient un principe d'actions utiles à la ſociété. Pour être loué, on fait des choſes louables.

CVI. Enfin l'inclination par laquelle nous cherchons à nous concilier la bienveillance de nos ſemblables eſt *directement* utile à celui qu'elle anime, & *indirectement à la ſociété.* Autant il eſt avantageux de pouvoir compter ſur les ſecours qui n'ont d'autres motifs que la *bienveillance*

d'au-

d'autrui, autant eft - il agréable de favoir que ceux mêmes qui ne font ni ne peuvent rien faire pour nous, s'intéreffent cependant à ce qui nous regarde, qu'ils prennent part à notre joye lorsque nous fommes heureux, & à nos peines, lorsque nous ne le fommes pas. Le malheureux fent tout d'un coup le plaifir fe mêler au fentiment de fes maux, quand il rencontre des perfonnes difpofées à écouter avec intérêt le récit de fes malheurs, & qu'il lit fur le vifage de ceux qui l'écoutent, qu'ils le jugent digne d'un meilleur fort.   Il prend plaifir alors à raconter fes infortunes, à rappeller l'idée des maux qu'il a foufferts, & à les pleurer.

Tel qui pourroit aifément fe déterminer à fuir le commerce des hommes, ne pourroit pas fupporter la haine de fes femblables, & l'idée de fe trouver ainfi feul au milieu de tous.

L'homme craint donc de déplaire; & pour réuffir à plaire, il fait ce qu'il fait être agréable à fes femblables: il trouve du plaifir à paroître affable, honnête, folide, tel en un mot qu'on puiffe compter fur fa bonté.   C'eft ainfi que la nature en nous preffant par notre intérêt à rechercher l'amour de nos femblables, nous conduit infenfiblement & nous force à nous rendre aimables.

CVII. On ne détruira point la vérité de ces obfervations par les raifons qu'on a coutume d'alléguer pour prouver que l'homme, à moins qu'il ne foit fubjugué par la force & par la crainte, eft pour l'homme une bête féroce, ou, pour mieux rendre la penfée de quelques uns, un mauvais

vais démon. Ceux qui penfent ainfi exagèrent la méchanceté de l'homme focial.

Quand nous penfons aux nations barbares, c'eft à tort que nous nous les repréfentons comme des bêtes féroces. Les relations des nouveaux voïageurs font foi, que parmi les peuples dont nous nous formons cette idée, il en eft en qui on trouve la probité, la bonne foi, l'amour de l'hofpitalité, même ordinairement de la bonté, s'ils n'ont pas été corrompus par les nations plus policées. Il faut néanmoins en excepter le reffentiment des injures, reffentiment qu'ils portent à l'excès. Trompés, ils trompent à leur tour & fe défient; attaqués, ils ne mettent point de bornes à leur vengeance. On raconte des peuples *Antropophages* plufieurs chofes qui ne font fondées que fur les vifions d'une imagination effrayée, fur la démangeaifon d'écrire des chofes merveilleufes & effraïantes, & fur des méprifes occafionnées par l'ignorance de la langue, des mœurs & des opinions de ces peuples. L'erreur des voïageurs a tout exagéré en étendant fur la totalité d'une nation ce qui n'eft vrai que de quelques monftres qui s'y trouvent. Les *Caraïbes* qui fe nourriffent de la chair de leurs ennemis morts, difent qu'ils ne mangent que ceux dont le fentiment eft éteint par une mort juftement méritée. Ils accufent les Européens de fe faire un jeu de maffacrer injuftement les hommes, & de ne témoigner de l'horreur que pour les laiffer fans fépulture ou pour les enfevelir dans leurs entrailles.

L'infenfibilité, la dureté, l'envie, la cruauté &c. font des maladies qui attaquent moins l'efpèce humaine en général, que les fociétés particulieres. Entre ces maladies les unes font plus

D 4

com-

communes dans les grandes fociétés, les autres dans les petites. Nous en chercherons ailleurs les caufes prochaines, & les remédes.

CVIII. Nous avons montré que l'homme n'é-toit pas naturellement infociable (102). Ainfi il nous refte à parler des moïens que *l'expérience* lui indique, pour jouïr des avantages de la focié-té & pour en éviter ou diminuer les inconvé-niens. L'expérience nous apprend qu'on peut tenir & qu'on tient en effet deux fortes de con-duite; l'une de ne penfer qu'à foi, de vouloir que les autres fervent à nos intérêts, & de né-gliger les leurs, ou même de fe plaire à les cho-quer; l'autre, d'être attentif à ne nuire à perfon-ne & de fe faire un plaifir d'être utile à tout le monde. La raifon juge par *les effets* laquelle des deux conduites eft *la bonne* (38). Confidé-rons les.

CIX. 1°. C'eft mal entendre fes intérêts de ne vivre que pour foi. Les hommes de ce caracte-re méprifent ceux dont ils n'ont pas befoin, com-me on méprife une plante inutile; ils abandon-nent ceux qui leur ont rendu quelque fervice, comme on quitte un outil dont on a fait ufage. 2°. C'eft les entendre encore plus mal, que de s'étudier à nuire aux autres, parcequ'on les voit oppofés à fes paffions, ou par reffentiment de ce qu'ils l'ont été, ou par le plaifir qu'on trouve à troubler le repos & les plaifirs d'autrui.

Ceux qui fe conduifent ainfi ont befoin ou d'employer *la rufe la plus déliée*, ou *la force & la terreur.* La *rufe* leur eft néceffaire pour perfua-der à ceux qui font trompés, qu'en obligeant

ceux

çeux qui les trompent, ils travaillent pour eux
mêmes. Ce n'eſt qu'autant qu'ils ſont puiſſans
& *redoutables*, qu'ils peuvent ôter la force de réſiſter à ceux qui en auroient le courage, ou le courage à ceux qui en auroient la force. Mais la ruſe une
fois miſe à découvert attire à ſon auteur la haine la
plus violente; ſi elle reſte cachée, elle ne lui produit qu'un plaiſir mêlé d'amertume & d'inquiétude. La *bonté prudente* au contraire atteint ſûre-
ment par la voïe la plus courte le but auquel la
ruſe avec tous ſes *détours ne* parvient point, ou
ſi elle y parvient ce n'eſt qu'au travers des dangers, par des moyens pénibles, avec des dégoûts, & avec la crainte des maux qui peuvent
en réſulter, ou avec le ſentiment plus amer de
ceux qu'elle a produits.

La *force* & la *terreur* tournent auſſi peu à l'avantage de celui qui les employe. Celui qui veut
être craint, craint *le premier* & craint *davantage*.
Par la terreur qu'il veut inſpirer, on peut juger
de la crainte qui l'agite lui - même.

Enfin la méchanceté produit dans le ſang une
acrimonie qui ſe fait ſentir à l'ame. Ainſi elle
boit elle même une partie du venin qu'elle a produit. L'envieux eſt en proye à ſa paſſion; l'homme dur & arrogant trouve ſon ſupplice en lui-
même &c. La bonté eſt au contraire une ſource
intariſſable de contentement.

La raiſon voyant la ·liaiſon naturelle de ces
effets avec l'une & l'autre conduite, elle en
conclut que Dieu l'a établie, qu'elle eſt par conſéquent immuable (31). D'où il ſuit qu'il faut
conſentir à être privé des avantages ineſtimables
de la ſociété, ou embraſſer le ſeul moïen de les
obtenir, qui conſiſte à avoir un cœur bienfaiſant

D 5

&

& à defirer fincérement le bien - être de fes femblables.

CX. Cela pofé, il faut examiner en détail les
avantages qu'on retire de la fociété. On peut
les rapporter à deux chefs. Le premier dont nous
allons parler, embraffe les avantages que la *fociété*
procure aux *individus*. Le fecond qui fera l'objet de la cinquième Section, roule fur l'intérêt
qu'ont les *particuliers* à accroître les biens de la
fociété, & à faire même des facrifices pour rendre fon état plus folide & plus floriffant.

Les avantages que les *particuliers* retirent de
la fociété, ne font autre chofe que *les caufes* des
plaifirs vrais, desquelles il a été parlé dans la troi-
fième fection. Ces caufes n'auroient pas lieu, ou
l'auroient plus difficilement, fi les hommes vi-
voient ifolés ou fans liaifon étroite avec leurs
femblables. En fe procurant réciproquement ces
avantages, ils fe *fécourent* mutuellement. *Secourir*, *c'eft fuppléer par fes forces à ce qui manque à
celles d'autrui.* La fociété générale par laquelle
la nature réunit tous les hommes (100) eft une
fource féconde de fecours de toute efpèce. Par
elle on prévient, on adoucit, on éloigne les maux
de l'ame & du corps. Par elle on augmente les
biens de l'un & de l'autre, on coule des jours
plus agréables, & on acquiert des avantages dont
la durée s'étend au delà du terme de la vie.

La nature nous aïant tous affujettis aux mêmes befoins, & à la même impuiffance d'y fatisfaire, nous aïant auffi infpiré un défir égal de la
fociété, nous en concluons qu'elle a voulu que
nul ne fut exclus des fecours dont l'homme eft
naturellement redevable à l'homme. Or tous les
hom-

hommes font *égaux*. Le fentiment d'humanité
(12) renferme le fentiment de cette *dignité* naturelle de l'homme. Il eft le principe de l'impreffion douleureufe que nous caufe tout ce qui
détruit cette égalité. Voilà pourquoi on voit
frémir de colère ceux que la fociété retranche
comme des membres contagieux. Voilà pourquoi l'homme fupporte avec tant d'impatience
l'opprobre & les accufations qui le privent du
commerce de fes femblables. Delà la haine de
l'efclave pour un maître, qui lui tiendroit ce langage: *Infenfé, crois tu qu'un efclave foit un homme?*

CXI. Entre les avantages de la fociété, les uns
s'offrent d'eux-mêmes aux hommes au moment
qu'ils vivent enfemble ; les autres font le fruit de
la bienveillance & des fervices d'autrui.

Du nombre des premiers font la confiance &
le plaifir que répand dans notre ame cette penfée
que nous ne fommes pas feuls, & qu'il y a d'autres hommes avec lesquels nous pouvons vivre,
fi nous le voulons. Cela feul fuffit pour rendre
la fociété infiniment préférable à la folitude.
Joignons y l'utilité dont peut-être pour nous
l'étude attentive des hommes, & même de ceux
qui nous font inconnus. Ils nous offrent d'un
côté le miroir dans lequel nous pouvons nous reconnoître, de l'autre leurs mœurs & leur conduite nous fourniffent des exemples de ce qu'il
faut éviter, & de ce qui eft bon à imiter.

C'eft en cela que confifte la grande utilité des
voïages, pour ceux qui, aïant la fageffe de renoncer à ce qui eft frivole, s'occupent des chofes
vraiment utiles, & s'appliquent principalement à
les

les remarquer, à les recueillir, à les apprétier, à faire le discernement de celles qui méritent d'être récommandées & imitées, d'avec celles qui doivent être réjettées.

CXII. Les avantages du second genre (111) fondés sur la bienveillance & les services d'autrui, sont principalement ceux-cy. 1°. Un accès facile auprès des hommes, un commerce avec eux qui soit agréable, c. a. d. où il n'y ait ni marque ni soupçon de mauvaise volonté; 2°. la liberté d'échanger toutes les choses commerçables; 3°. la bienfaisance; 4°. la communication des vérités qu'il importe de connoître. 5°. l'honneur ; 6°. une société plus étroite avec quelques individus, formée dans le dessein de se procurer par la réünion des forces quelque bien particulier.

CXIII. Un accès facile auprès de ceux à qui nous desirons de plaire, & avec qui nous voulons vivre & converser, est le vrai sel de la vie. Le commerce avec les autres ne peut être agréable, si l'égalité en est entièrement bannie (110); & *il l'est d'autant plus qu'elle est plus observée.* Il est dur à la nature d'être rebuté, méprisé & continuellement humilié par la hauteur qui nous reproche secrétement nôtre foiblesse (105. 110). Delà vient que l'affabilité & la politesse de ceux sur tout qui nous sont supérieurs nous plaisent, nous inspirent du respect, & relévent à nos yeux le *prix* de leur mérite.

Celui qui a de la supériorité paroît d'autant plus grand qu'il s'abaisse davantage, c. a. d. qu'il ren-
fer-

ferme plus en lui-même la penſée de ſes avantages, pour ne laiſſer appercevoir que le ſentiment de ſa propre foibleſſe.

Ce commerce, digne ſur tout de ceux qui ſavent ce que valent des hommes, a pluſieurs avantages, dont voici les principaux. Il diſſipe pour un tems les chagrins de celui qui eſt dans la peine, & les ſoucis de celui qui eſt dans les affaires. L'homme trop appliqué y détend les reſſorts de ſon eſprit & revient au travail avec une nouvelle vigueur. Son intelligence y a acquis, ſans qu'il s'en apperçût, des forces nouvelles, parcequ'il a exprimé ſes penſées, écouté les autres, & qu'il s'eſt même inſtruit par leurs erreurs.

CXIV. C'eſt la politeſſe qui *lie* & *entretient* le commerce entre les hommes. La *politeſſe* conſiſte dans les ſignes extérieurs par lesquels on montre une attention particulière, ſoit à écarter tout ce qui pourroit faire ſoupçonner qu'on ſe met peu en peine d'éviter de déplaire aux autres, ſoit à dire & à faire ce qui peut leur plaire. Elle eſt agréable à tout le monde, pourvû qu'on n'y apperçoive pas une certaine affectation ou de montrer un mérite particulier, ou d'attacher de l'importance à des bagatelles. Elle enhardit à demander des ſervices qui ne coûtent point à ceux qui les rendent, & à en offrir. Le plaiſir qu'elle cauſe eſt vrai quoique paſſager. Elle rapproche les eſprits que la rudeſſe, ainſi que l'arrogance, diviſe & repouſſe. L'*Arrogance*, plus inſupportable à pluſieurs que la ſervitude, n'eſt autre choſe que *l'orgueil & le mépris des autres marqués par l'air, les paroles & les actions.*

CXV.

CXV. Les *signes extérieurs de la politeſſe*, *adop-tés d'un commun conſentement dans les ſociétés par-ticulières*, (114) & la maniere d'en faire uſage, ſont ce qu'on appelle ordinairement *la décence*. Les Cyniques blament *la décence*, mais elle a été introduite avec raiſon. En effet elle empêche d'oublier, au moment qu'il ſeroit dangereux de le faire, l'intervalle qui ſépare les diverſes claſſes de la ſociété (125).

D'ailleurs elle réprime les premiers mouvemens qui pourroient être offenſans ou laiſſer appercevoir quelque imperfection. Elle bannit enfin du com-merce des hommes tout ce qui bleſſeroit une juſte délicateſſe, (p. ex. la pudeur) ou qui annonceroit un caractère à qui la bienveillance d'autrui ſeroit indifférente.

Plus les mœurs ſont ſimples, moins l'eſprit eſt cultivé, plus auſſi les hommes ſont attachés au cérémonial de décence qu'ils ont établi, & diſpo-ſés à s'offenſer de ce qui s'en écarte. Une exac-titude trop ſcrupuleuſe à obſerver ce cérémonial eſt auſſi funeſte à l'agrément de la ſociété, que le peut être un oubli affecté de toutes les bien-ſéances. La crainte continuelle d'offenſer quel-qu'un ſans le vouloir empoiſonne la douceur de ce commerce, & nous force de ſoupirer après le moment qui nous ſépare, & à le préférer à ce-lui qui nous réunit.

Les loix de la décence ſont ſujettes à des va-riations & des viciſſitudes ſurprenantes. Il y a néanmoins une différence naturelie qui diſtingue ce que la raiſon a établi de ce qui a un principe différent; il y a par conſéquent des règles pour diſcerner ce qu'un *goût ſain* approuve, de ce qui ne peut plaire qu'à *un goût depravé*. La perfec-tion.

tion fe trouve dans ce qui répond à fa deftination. Le but eft ici d'éviter tout ce qui peut
faire naître dans la fociété le défordre, le dégoût,
le mépris & la haine. Ainfi les bienféances auxquelles on ne peut manquer fans les plus grands
inconvéniens, & qu'on peut obferver avec le
moins de peine, répondent à leur deftination. Enfin tout ce qui eft fortement & manifeftement
oppofé à ce but eft regardé avec raifon comme
ridicule.

La *grace* n'eft autre chofe que l'aifance acquife
d'obferver les loix de la décence, dans l'air, le gefte,
le difcours, la démarche &c. fans laiffer apperçevoir
ni affectation ni art. Elle plaît, elle unit les
efprits. Or tout ce qui unit les hommes, augmente les caufes des plaifirs vrais (100), & contribue par conféquent à l'accroiffement du bonheur (19).

CXVI. Le *fecond avantage de la fociété* fe tire
du commerce par lequel les hommes font l'échange des chofes & des fervices qui leur font réciproquement néceffaires (112). Toute terre n'eft
pas propre à toute forte de productions. Nul
homme ne fe fuffit à lui-même pour fe procurer
les biens extérieurs (63). Par conféquent les
hommes contribuent mutuellement à augmenter
leur bonheur lorfqu'ils fe communiquent réciproquement leurs biens & leurs fervices, foit que
cette communication fe faffe gratuitement, foit
qu'elle fe faffe par un échange égal, ou inégal.
Si de part & d'autre les befoins & les moyens d'y
pourvoir par l'échange font égaux, il eft de l'intérêt commun, que l'un ne fourniffe aux befoins,
aux commodités, ou aux plaifirs de l'autre, que
fous la condition d'en retirer l'équivalent. Voilà
l'ori-

l'origine du *commerce*, & des contracts auxquels il donne lieu. Le prix des sociétés particulieres & sur tout des grandes, croît en raison des facilités qu'elles donnent pour le commerce.

Sitôt que l'Europe, long-tems agitée par les guerres particulieres, a vu regner la paix dans les divers états qui la composent, elle s'est livrée à la *navigation* & au *commerce*. C'est à cela que ses habitans doivent l'avantage, qui n'est presque que pour eux, de s'approprier les dons de la nature répandus dans tout l'univers. Tous ces biens accroissent son bonheur, pourvu qu'elle ne le laisse pas perdre en négligeant l'*art de jouïr*.

CXVII. Le troisième avantage de la société est de procurer des bienfaits & d'en faire espérer. La *bienfaisance* ou *la libéralité consiste dans la disposition de se priver d'une partie de ses biens en faveur de ses semblables, & de contribuer gratuitement de ses peines, soit pour diminuer leurs maux & les en délivrer, soit pour augmenter leurs biens* (100). Un bienfait est gratuit lorsque l'espérance de recevoir ou l'équivalent ou quelque chose d'une valeur moindre ou plus grande n'est point le motif qui détermine le bienfaiteur, & que celui-cy n'attend ni n'exige rien de celui qu'il oblige ou de quelque autre personne. Quel sera donc le motif qui pourra le déterminer à se gêner pour obliger? La religion & le plaisir que la nature attache à un tel usage de nos facultés.

CXVIII. Pour développer la notion composée du *bienfait*, il faut considèrer d'un côté l'*utilité* qu'en retire celui qui le reçoit, & de l'autre *la fin* que se propose le bienfaiteur.

Si on en juge par les *effets*, le bienfait eſt moindre lorsque l'avantage qu'il procure ceſſe en un inſtant ; il eſt plus grand, lorsqu'il produit *pluſieurs bons effets*, ou qu'il ſupprime *la cauſe d'un mal preſſant*. Il eſt *nul*, ou plutôt *l'oppoſé du bienfait*, s'il augmente la cauſe d'un mal, ou ſi le plaiſir qu'il procure eſt un nouveau mal qui doit en produire d'autres.

Si on a égard à l'*intention* du bienfaiteur, il n'y a de bienfaits que ceux qui ont leur principe dans *le déſir de faire du bien* (102). Ainſi ce n'eſt point être bienfaiſant que de faire du bien à quelqu'un pour l'engager à cauſer de la douleur ou à faire tort à un tiers, & de ne ſe ſentir animé à répandre des bienfaits que par l'eſpoir avide de recevoir autant, ou, comme les uſuriers, plus qu'on n'a donné (117).

Le chagrin qu'on éprouve de n'avoir pas reçu autant ou plus qu'on n'a donné, fait évanouïr toute idée de *bienfaiſance*. Le vrai caractère de la bienfaiſance, eſt de faire du bien ſans penſer à la reconnoiſſance, d'eſtimer la reconnoiſſance, mais ſans l'exiger ; de ne ſe plaindre de l'ingratitude que dans le cas ou cette plainte deviendroit néceſſaire pour ſa propre défenſe. Celui qui ſe repent d'avoir obligé des ingrats, n'a jamais ſenti combien il eſt doux d'être bienfaiſant.

CXIX. Néanmoins toute ſorte de *bonté* ne fait pas le bonheur du genre humain. Quand la *bonté* eſt jointe à l'*imprudence ou au défaut de pénétration néceſſaire pour prévoir & peſer les effets des actions*, elle eſt une vraie foibleſſe. Tel eſt 1°. le cas ou avec le déſir & l'intention de faire du bien gratuitement, on nuiroit effectivement. (118)

E

2°.

2°. celui ou en donnant des fecours à quelqu'un, on fe priveroit des moïens qu'on devroit conferver pour foi-même, ou pour un emploi d'une utilité plus grande & plus générale. On ne mérite point le reproche d'avoir manqué de générofité, fi après avoir balancé les inconvéniens & les avantages d'un bienfait demandé, on refufe de l'accorder, ou parcequ'il faudroit faire de trop grands facrifices & s'expofer à des pertes presque irréparables, pour procurer un très petit avantage, ou parce qu'on auroit lieu de craindre d'entretenir l'oifiveté & la pareffe en fourniffant aux autres des chofes qu'ils peuvent fe procurer par eux-mêmes.

Pour difpofer les hommes à la bienfaifance, il n'y a rien de tel que de fe montrer digne de leurs bienfaits & de leur perfuader, qu'ils n'auront pas lieu de s'en repentir, & que d'autres que nous en recueilleront le fruit.

CXX. Par ce qui précéde on peut avoir une jufte idée de ce qui fait le prix d'une bonté active & bienfaifante. Il faut y faire entrer la prudence qui examine & mefure les biens qu'on fait, & qui préfide au choix des perfonnes auxquelles on les applique, la grandeur des moïens qu'on employe, celle des pertes qu'on fupporte en faveur d'autrui, la facilité avec laquelle on fe porte à accorder les bienfaits demandés, & même à prévenir le befoin, l'oubli du bienfait de la part du bienfaiteur, & par conféquent la ferme réfolution de ne jamais mortifier ceux qui ont eu part à fes bienfaits en leur rappellant l'idée de la reconnoiffance qu'ils doivent. Quant à l'étendüe de la reconnoiffance, dont nous parlerons ailleurs

leurs (165), on ne peut en *juger* que par celle du bienfait.

CXXI. La fociété procure un quatrième avantage dans la facilité qu'elle donne pour *acquérir les connoiffances utiles* (12). Le defir de connoître eft naturel à tous les hommes (70). Les connoiffances font le plaifir de tous les âges, elles font les délices de la jeuneffe & de l'âge fait, elles raniment la langueur de la vieilleffe.

Néanmoins comme toute connoiffance n'eft pas utile parcequ'elle le paroît, de même l'ignorance & l'erreur, quelque defir que nous aïons de nous en délivrer, ne font pas toujours oppofées au bonheur. Pour être heureux, il faut confentir à ignorer certaines chofes, parceque le tems néceffaire pour les apprendre feroit dérobé à des études ou à des actions plus utiles: l'efprit occupé de plufieurs objets en conferve moins de force pour chacun en particulier. L'ignorance de certains faits prévient quelquefois des paffions & empêche de mauvaifes actions; elle eft utile dans ce cas là, & peut-être nuifible dans un autre. On peut dire la même chofe de l'erreur. D'après ces confidérations il eft facile de juger jufqu'à quel point on peut-être coupable de cacher fa penfée, ou d'induire en erreur, foit en diffimulant foit en énonçant le contraire de ce qu'on penfe, ou de ne point détromper ceux qui font dans l'erreur, lors même qu'ils nous en prient.

CXXII. On appelle *ouvert* & *franc* l'homme qui eft toujours difpofé à dire fa penfée avec fincérité, avec prudence, lorfque les autres ont

E 2   in-

intérêt de la favoir.   Auffi éloigné de l'étourde-
rie d'un parleur indifcret que d'une franchife
groffiere, il évite en même tems une taciturnité
infpirée par la défiance, ou par l'affectation de
montrer une prudence fingulière : il détefte la
fauffeté, ou cet art de feindre l'ingénuité pour
tromper les autres, pour s'infinuer dans leur
efprit, découvrir leurs penfées, les faire tomber
dans le piege, & leur nuire.

Une fimplicité prudente plaît, non feulement
parcequ'elle eft utile, mais parcequ'elle annonce
une confiance en foi-même, dont l'image eft agréable & digne d'eftime.   La fimplicité n'eft pas
particulière aux petits efprits.   Elle eft naturelle
aux grands génies.

CXXIII. L'*eftime* eft le cinquième avantage de
la fociété (105).   Pour qu'elle produife un plaifir réel, il faut 1°. qu'elle foit vraie; 2°. qu'elle ne
foit pas recherchée avec trop d'ardeur, & qu'elle
ne foit pas l'unique objet de nos defirs (80).

La différence entre l'*eftime vraie*, & l'*eftime
fauffe* eft fondée fur la nature & non fur l'opinion.
On ne doit pas attribuer à l'art mais à la nature
le plaifir que nous caufe la vue des qualités *morales*, ou *acquifes par l'ufage de la liberté*, quand
elles font utiles à la fociété & qu'elles ne font pas
communes à tous les hommes.   Elles fixent notre attention, elles attirent notre eftime; nous
aimons à en conferver le fouvenir, à diftinguer
ceux qui les ont de ceux qui ne les ont pas, & à
leur donner dans notre efprit le rang qu'y tiennent ceux que nous mettons au deffus des
autres.

No-

Notre eftime croît en raifon du mérite que nous obfervons en quelqu'un, de l'utilité des qualités qu'il poffede, de la connoiffance que nous avons de cette utilité, de la rareté de perfonnes auffi eftimables, & de la modeftie qui accompagne ces qualités.

CXXIV. *L'eftime véritable* confifte dans les jugemens vrais que les autres portent de nos facultés & des qualités vraiment eftimables que nous poffédons. L'accord d'un grand nombre d'hommes dans le jugement qu'ils portent principalement fur les grandes qualités morales de quelqu'un conftitue la *gloire.*

L'eftime fauffe confifte dans un jugement erroné fur les qualités de quelqu'un, ou dans un jugement fimulé à deffein de tromper celui qui en eft l'objet, ou d'induire les autres en erreur. L'erreur peut être fondée fur une méprife par laquelle on attribue à une perfonne des qualités qu'elle n'a point, ou l'on exagère celles qu'elle a, ou bien elle peut être l'effet d'une illufion qui mettroit au nombre des qualités, ce qui doit être compté parmi les défauts,

Une telle eftime ne fauroit produire un plaifir *vrai.* Celui qui en eft l'objet ne peut jamais être affuré qu'elle ne fe changera pas en un plus grand mépris. La vanité qui cherche la gloire fans avoir les titres qui la méritent, l'oftentation qui en impofe, la jactance qui irrite l'envie, font la marque d'un petit efprit, & directement contraires au but de celui qui cherche à fe faire eftimer.

C'eft pour l'eftime véritable que la nature nous infpire du defir (105). La voïe la plus courte pour obtenir ce précieux avantage, c'eft d'être

E 3

tel

tel qu'on veut paroître, & d'être honnête homme & utile à la société. On ne peut jamais se repentir d'une pareille conduite, lors même que l'eſtime qu'on eſpére n'en ſeroit pas le prix. Car on peut trouver au dedans de ſoi-même le plaiſir qu'on a vainement cherché au dehors.

CXXV. *Sixièmement,* La ſociété générale qui lie tous ſes hommes faiſant le commencement de leur bonheur, la nature les invite à ne pas s'y borner & à former des ſociétés plus étroites pour accroître leur félicité. Il y a des biens qu'on ne peut ſe procurer en aucune ſorte, ou qu'on ne peut obtenir qu'imparfaitement ſans le ſecours d'une ſociété formée entre deux ou pluſieurs, qui agiſſent de concert pendant longtems ou pendant le cours de toute la vie, dans un plan adopté d'un commun conſentement. Voilà *l'origine des ſociétés particulières, que deux ou pluſieurs perſonnes forment, dans le deſſein de ſe procurer par la réunion de leurs forces quelques biens particuliers, qui ſont l'objet commun de leurs vœux.* Ainſi ces ſociétés ſont propres à accroître la ſomme des vrais biens, & par conſéquent celle du bonheur.

Les unes ſont formées *pour un tems*, les autres ſont perpétuelles; les unes ſont *égales*, c. a. d. que la volonté de tous y fait les loix, les autres ſont *inégales*, ſoit qu'elles ſoient *publiques* ou *particulieres*. Dans les ſociétés *inégales*, *l'autorité* eſt dépoſée entre les mains des uns & l'obéïſſance eſt le partage des autres, lors même qu'ils n'approuvent pas les réſolutions des premiers. Il n'y a point de ſociété ſans inconvéniens; la plus parfaite eſt celle ou il y en a le moins.

CXXVI.

CXXVI. Entre les sociétés *perpétuelles*, deux principalement contribuent au bonheur de la vie, *l'amitié* & le *mariage*. *L'amitié* est le plus haut dégré de bienveillance entre deux personnes qui s'unissent par un effet de la conformité de leurs inclinations, ou à cause des avantages solides qu'elles peuvent se communiquer réciproquement.

Elle est *vraie* lorsqu'elle réunit des gens de bien, dans le dessein de jouïr ensemble du bonheur & de l'augmenter.

La rechercher n'est pas une preuve de foiblesse, quoiqu'en pensent ceux qui par un excès de confiance en eux mêmes dédaignent le secours d'autrui, & qui, mettant le souverain bien dans les richesses, le pouvoir & les plaisirs de la table, ont perdu le goût des plaisirs plus délicats attachés à l'amitié.

Cultiver constamment & fidélement l'amitié, c'est montrer qu'on envisage d'un œil pénétrant l'économie avec laquelle la nature dispense les plaisirs de la vie, & qu'on connoit assez le prix de ceux qu'elle accorde pour ne pas les laisser échapper.

Fidele, constante, aimant à entendre & à dire la vérité, jamais soupçonneuse, incapable d'entrer dans des projets nuisibles aux autres, & de se livrer à des contestations par le motif d'un intérêt sordide, éloignée de cette maxime: *aimez votre ami, comme s'il devoit être un jour votre ennemi,* la mort ne l'anéantit pas; elle s'étend au delà du tombeau. Si elle se rompt plutôt, celui qui est abandonné sans avoir rien à se reprocher, ne peut point se repentir de l'avoir cultivée. Il pleure avec raison la défection d'un ami, auquel il s'étoit entièrement livré, mais il ne s'en ven-

E 4

ge

ge point, & reste aussi éloigné de le trahir qu'il l'étoit pendant que l'amitié subsistoit.

CXXVII. Le célibat ne convenant qu'à peu de personnes, & le libertinage à qui que ce soit, la nature *réunit* la force de l'amitié avec celle de l'amour, afin de déterminer plus efficacement l'homme & la femme à former une société, ou le sort de l'un & de l'autre devienne inséparable. Cette société s'appelle *mariage*.

Elle contribue à l'accroissement du bonheur de ceux qu'elle unit ; elle perpétue le genre humain, & au moïen de l'éducation elle étend l'usage de la raison : sous ce double rapport elle est agréable à Dieu & peut-être regardée comme d'institution divine. La procréation & l'éducation des enfans ne sont pas le seul but du mariage, il a encore pour objet les secours mutuels par lesquels les conjoints s'entre-aident dans le cours de la vie.

Pour savoir si on s'est conduit avec sagesse lorsqu'on s'est engagé dans les liens du mariage, il faut en juger non par *l'évenement*, mais par les *raisons qu'on a eu de croire*, au moment qu'on a pris son parti, que cette union contribueroit à l'accroissement du bonheur. Nous ne pouvons nous faire aucun reproche, & nous avons *nécessairement* lieu d'être contens de nous mêmes, sitôt que nous voïons que, dans les actions dont les suites dépendent en partie du *hazard*, (39) nous avons mis dans la balance les probabilités opposées, & que nous nous sommes déterminés par une espérance d'un succès heureux plus fondée que la crainte d'un événement malheureux, lequel n'a pu être prévu par la prudence la plus attentive.

CXXVIII.

CXXVIII. Après avoir exposé les avantages de la société, il nous reste à parler de ses inconvéniens & des moyens de les éviter. Les inconvéniens viennent ou 1°. par le fait d'*autrui*, ou 2°. par le fait de celui qui les éprouve.

Ceux du premier genre ont leur principe ou dans le dessein de nuire (le dol), ou dans l'*imprudence* (la faute) c. a. d. dans le défaut d'attention à éviter ce qu'on pouvoit prévoir qui *seroit nuisible aux autres*, ou enfin ils sont plutôt l'effet du hazard, que de la mauvaise volonté ou de l'imprudence.

Ou ces inconvéniens sont sans remede, ou ils peuvent être évités & réparés. Ceux-cy, la *prudence* les évite, la *défense* les *repousse*, la *satisfaction* les *répare*. Quant à ceux qui sont sans remede, il n'y a d'autre ressource que le *courage* & la *patience* (88. 86) & le souvenir des avantages, par lesquels la société nous dédommage abondamment des maux que nous y éprouvons, avantages auxquels nous ne voudrions pas renoncer malgré les amertumes qui s'y mêlent & dont les désagrémens inévitables qui les accompagnent font encore mieux sentir le prix.

CXXIX. Les maux que les hommes se font les uns aux autres par malice ou par imprudence (128) font de deux sortes (131). Les premiers ont leur cause dans les actes par lesquels on attente 1°. *à la vie & à l'intégrité du corps*; 2°. *à la liberté*; 3°. *à la propriété des biens acquis*; 4°. enfin par lesquels on refuse ce qui est du *en vertu des conventions*. Dépouiller arbitrairement autrui de la possession, & le priver de l'usage libre de ces quatre choses, que les Jurisconsultes désignent par

le

le nom de *sien*, le faire malgré celui à qui elles appartiennent, c'est ce qu'on appelle dans un sens étendu *léfion* ou *violence illicite*. Le mal qui réfulte de cette violence s'appelle *tort* ou *dommage*.

La violence, qui ne refpecte point une propriété qui doit être facrée, attire à fon auteur la haine de tous fes femblables, il devient tout d'un coup leur ennemi. Cette impreffion fubite jointe à l'*inflinct naturel qui nous porte à nous défendre* (130) prouve que l'intention de la nature eft que les hommes ne fe faffent point tort les uns aux autres. La perfidie fur tout qui *viole la foi des conventions eft infupportable*. Naturellement l'homme ne peut fouffrir d'être le jouet d'un autre, il en conçoit le reffentiment le plus profond ; celui même qui eft témoin de l'infulte partage avec lui fon reffentiment ; on fouffre de voir l'infolence & la méchanceté infulter à la bonne foi.

Si la poffeffion des quatre biens dont nous avons parlé étoit incertaine & précaire, la fociété *ne pourroit pas fubfifter ;* d'où la raifon conclut que la propriété en doit être inviolable & facrée. Autrement la fociété n'auroit plus d'attraits que pour des hommes turbulens & ennemis du bonheur d'autrui. Une folitude tranquille feroit préférable à une affociation orageufe & perfide, ou il feroit impoffible de s'occuper de cette portion du bonheur attachée à la vie paifible. Enfin il eft néceffaire que la poffeffion de ces biens foit inviolable pour prévenir *la guerre de tous contre tous*, qui eft l'état que la nature détefte le plus (108).

Ainfi la bafe de toute fociété eft la *fûreté*, ou *un état tel qu'aucun des affociés ne puiffe raifonnablement*

blement craindre les effets de la violence arbitraire des autres. Affurer cet état, ou déterminer & conferver à chacun les quatre biens dont nous parlons, c'eſt l'objet de la jurisprudence *naturelle & civile*, comme nous le montrerons ailleurs.

CXXX. Pour nous garantir de la violence qui veut nous ravir ces biens (129) ou pour la faire ceſſer, quelques fois il n'y a pas d'autre moyen efficace que d'y oppoſer une force fuffiſante. La crainte de perdre tous ces biens ou d'en perdre quelques uns eſt un frein qui arrête l'aggreſſeur, le détourne de ſon deſſein, ou l'empêche de le conſommer en l'obligeant de donner ſatisfaction. C'eſt ainſi, comme dit *Tacite*, qu'une *crainte mutuelle* étoit la barriere qui ſéparoit les Sarmates des Germains.

L'uſage de la force employée pour détourner le dommage ou pour le faire ceſſer, eſt appellé *défenſe par la force*. La nature autoriſe évidemment cette défenſe, puisqu'elle eſt néceſſaire pour la conſervation du repos de la ſociété (129). L'égalité naturelle des hommes ne permet pas de penſer (110) que les uns puiſſent ſe ſervir de leurs forces pour nuire, ſans qu'il ſoit permis aux autres d'employer les leurs pour l'empêcher. A l'égard des conventions il faut remarquer que quiconque contracte un engagement par cette voye conſent tacitement à être forcé de le remplir.

Quoique la crainte ſoit un ſentiment déſagréable, elle n'eſt pas toujours nuiſible. Il y a des peines avantageuſes. La crainte eſt ſalutaire à l'ennemi de la paix; il eſt de l'intérêt de la ſociété,

ciété, pour n'avoir rien à craindre, d'inspirer de la terreur aux hommes turbulens.

Néanmoins il est quelquesfois *beaucoup* plus avantageux de s'abstenir des moïens violens que de repousser la force par la force. Tel est le cas où le mal dont nous sommes menacés, ou que nous avons souffert, est léger & facile à réparer par nos propres forces, & le mal au contraire qu'il faudroit faire à autrui pour nous défendre est considérable, difficile ou impossible à réparer. C'est être *bienfaisant* (177) que d'avoir le courage de s'abstenir d'une défense nuisible à l'aggresseur. Supporter par ce motif des maux considérables, c'est se couvrir de gloire par la victoire sur soi-même (85). L'homme bienfaisant trouve dans la complaisance en lui-même, & dans le respect qu'il inspire aux autres, le moïen de diminuer ou d'anéantir le sentiment de ses pertes.

CXXXI. Outre ce premier genre de maux qui tirent leur origine de la violence (129), il y en a d'autres dont la cause est différente, qui troublent les plaisirs de la vie, & nuisent au progrès du bonheur. On les désigne par le mot de *désagrémens*. Ils ont lieu, ou 1°. lorsqu'on omet ce qui nous seroit avantageux; ou 2°. lorsqu'on fait des choses qui deviennent pour nous la cause d'un mal plus ou moins durable. Ce dernier cas arrive de deux manieres: ou l'on agit seul au désavantage d'autrui, ou l'on engage les autres *à nuire & à refuser leurs secours* à ceux à l'égard desquels on est mal disposé.

CXXXII. Pour trouver plus facilement des remedes à une telle corruption, il eſt à propos d'en rechercher les cauſes. Souvent on eſt indifférent pour quelques perſonnes, & on leur refuſe les ſecours dont elles ont beſoin, parcequ'elles ne nous reviennent pas. On ne les aime pas, ſans en pouvoir dire préciſément la raiſon. Ou c'eſt la tournure de leur eſprit, qui choque les idées qui nous plaiſent & auxquelles nous ſommes accoutumés, ou c'eſt leur caractere qui contrarie nos penchans, ou leur phyſionomie qui affecte notre imagination, & fait naître des idées qui quoiqu'obſcures ſont déſagréables & propres à nous aliéner. La cauſe générale qui fait qu'on néglige, non quelques particuliers, mais preſque tous les hommes, ſe trouve dans un cœur *froid* & *dur*.

Nous ne tenons point cette diſpoſition de la nature, qui au contraire prépare notre cœur à la ſenſibilité. L'inſtinct de la bonté & les inclinations qui naiſſent de cet inſtinct en font la preuve. L'inſenſibilité doit ſon origine & ſes progrès à pluſieurs cauſes; tantôt à l'éducation qui diſpoſe des ames flexibles à négliger les autres à cauſe de leur genre de vie, de leur naiſſance, de leurs inſtitutions, de leurs mœurs, du genre de leurs connoiſſances, de leur religion: tantôt à un penchant dominant, qui inſpire de l'indifférence & même du mépris pour tous ceux qui ne ſervent point à le ſatisfaire. Quelquefois c'eſt l'inertie de l'ame qui refroidit le cœur. On devient ſur tout *froid* & *dur* par l'habitude de s'occuper uniquement de ſes intérêts, (*par l'égoiſme*) ſans penſer à ceux des autres. Il arrive auſſi que le cœur s'endurcit ſous les coups redoublés du malheur, ou qu'il ceſſe d'être ſen-

ſible

fible à des exemples que la longue habitude de voir des malheureux a rendus trop familiers, de forte qu'il ne retrouve fa fenfibilité que pour des maux d'un genre nouveau, ou d'un dégré qui les diftingue de ceux auxquels il eft accoutumé.

CXXXIII. Les hommes fe nuifent réciproquement par des *actions pofitives*, foit celles qui ont leur principe dans une *bienfaifance mal entendue* (118) [à laquelle d'autres donnent le nom *de bonté cruelle*] foit celles qui annoncent de la *mauvaife volonté*, ou une mauvaife volonté fans effet, ou une mauvaife volonté qui fe déclare par des actes défagréables & nuifibles aux autres.

La feule manifeftation d'une difpofition défavorable à notre égard a quelque chofe de désagréable pour nous. La peine qu'elle nous caufe eft proportionnée aux forces des mal intentionnés & aux raifons que nous avons d'en craindre les effets.

La mauvaife volonté qui fe déclare par des effets peut attaquer d'une maniere *directe* ou *indirecte*. Elle agit *directement*, lorsqu'elle fait éprouver aux autres des vexations, qu'elle cherche à les priver de leurs avantages, traverfe malicieufement leurs deffeins, met obftacle à leur avancement, ou fait en forte qu'ils deviennent plus foibles ou moins eftimables. Car il arrive fouvent que ceux qui ne peuvent rien par eux mêmes cherchent à fonder leur pouvoir fur la foibleffe d'autrui. C'eft à cet effet qu'ils employent des infinuations frauduleufes, qu'ils prodiguent les largeffes, la flatterie & les autres moïens de cette efpece, pour corrompre ceux dont ils veulent traverfer le bonheur, & que par l'exemple & la féducduction ils cherchent à les rendre complices de leurs crimes, & à les entraîner dans leurs vices, leurs erreurs, & les maux qui en font la fuite.

On nuit *indirectement*, lorsqu'on fait perdre à ceux qu'on n'aime pas la bienveillance d'autrui, ou qu'on la refroidit à leur égard, lorsque par la calomnie, par les foupçons qu'on fait naître, par le ridicule qu'on leur donne, on les expofe à l'envie ou au mépris, & qu'on les prive des avantages qu'ils méritoient d'obtenir de la bienveillance des autres. On trompe en même tems ceux-cy, & on leur caufe du préjudice, en les induifant en erreur. (115)

CXXXIV. Les désagremens (113) que les hommes fe caufent réciproquement, ainfi que les *torts* qu'ils fe font (129) n'ont pas toujours leur principe dans la haine. Ils tirent quelquefois leur origine des befoins, de la connoiffance qu'on a de fa foibleffe, de l'impétuofité du caractere, de l'avarice, de l'ambition, & font plutôt fondés fur un defir immodéré de certains biens, que fur un cœur mal difpofé à l'égard de ceux qui les poffédent ou qui les recherchent. Mais lorsque les defirs rencontrent des obftacles, ils fe changent en haine contre ceux qui y mettent des obftacles. De cette maniere la recherche d'un même objet divife les cœurs; & fi elle n'opere pas entre les compétiteurs une guerre déclarée, elle les rend ingénieux à fe tromper mutuellement.

Ce choc despaffions, plus rare parmi les habitans de la campagne, eft d'autant plus fréquent dans les villes & dans les grandes fociétés que les hommes y font en plus grand nombre, & y vivent plus rapprochés les uns des autres, qu'ils embraffent des genres de vie plus différens, que l'inégalité des for-

fortunes ou du pouvoir y eſt plus frappante, &
que les avantages qui dans une ſociété particuliere ne peuvent être que pour un petit nombre,
peuvent néanmoins flatter l'eſpérance d'un plus
grand nombre. Ce choc funeſte des paſſions
croît à proportion du nombre des hommes oiſifs,
ou du nombre de ceux qui pouſſés par le deſir du
pouvoir & de la réputation, animés par des préjugés particuliers à leurs familles, ou communs à
toute la ſociété , par l'intérêt de leurs affaires
domeſtiques &c., mettent obſtacle aux vües &
aux deſſeins des autres.

CXXXV. Les déſagrémens qui ont leur principe dans la haine naiſſent ordinairement du reſ-
ſentiment vif & durable de quelque offenſe, ou
du refus de quelque ſecours. L'*envie* & le *deſir
de la vengeance* doivent trouver ici leur place.

L'*envie* eſt une inquiétude de l'ame cauſée par
la conſidération d'un bien que les autres poſſé-
dent, & qu'on deſire en vain d'acquérir ou de
poſſéder ſeul. Cette maladie, qui comme une
fièvre lente dévore la ſubſtance de l'homme, n'eſt
point l'ouvrage de la nature, mais la nature inſpire l'émulation ou le deſir d'imiter & d'égaler
les autres   L'envie commence par le déſeſpoir
de les égaler. Elle engendre d'abord une haine
peu conſidérable & ſans effet; cette haine croît
enſuite, & enfin ſe déclare ouvertement par une
ardente paſſion de nuire. L'envieux eſt tourmenté par le ſentiment intime de ſa foibleſſe,
en voïant qu'il ne peut égaler ou ſurpaſſer en mérite & en conſidération le rival auquel il ſe compare; (105) & toutes les fois qu'il penſe à lui,
il ſent renouveller les plaïes que cette paſſion a
fai-

faite à son cœur. Il ne voit d'autre reméde à ses chagrins que d'écarter celui qui blesse ses yeux jaloux, ou de lui faire perdre, soit réellement, soit aux yeux des hommes, une partie de son mérite.

La nature indique des remedes plus efficaces pour prévenir ou guérir cette maladie; ils consistent à connoître ses forces, à les mesurer, à les augmenter, à s'occuper moins de ce que font les autres, que de ce que nous devons être, à ne pas tirer de la comparaison de leur mérite avec le nôtre des raisons de s'affliger.

CXXXVI. L'instinct de la nature porte l'homme à se défendre & non à se venger. *Se défendre*, c'est repousser le mal dont on est ménacé, ou faire cesser celui qu'on éprouve. *Se venger*, c'est après avoir éloigné le mal, ou avoir reconnu qu'il est irréparable, se plaire à faire souffrir celui qui en est l'auteur. Un mal véritable ou imaginaire irrite naturellement les enfans, les porte à faire de violens efforts pour l'éloigner. Leur colere tombe & s'évanouït avec la cause qui l'a produite. Mais la *défense naturelle* touche de si près la *vengeance*, qu'il n'y a qu'un pas de la premiere au désir de rendre le mal pour le mal. Les enfans le franchissent aisément. Les avis de leurs instituteurs, les exemples de leurs égaux les y portent; les peines qu'on leur fait subir à eux-mêmes & aux autres, font sur eux cet effet, parcequ'ils ne comprennent pas encore que ces peines sont une sorte de *défense*.

Néanmoins la nature ne perd pas tout d'un coup la force qui sert de contrepoids au *désir de la vengeance* (51). Tant que le sentiment du mal dure, la vengeance leur plaît, ils la confon-

F

dent

dent avec la défense.   Mais à mesure que le mal diminue, que les effets en disparoissent, la pensée du mal qu'ils ont souffert s'affoiblit, la haine se dissipe peu à peu, & cesse enfin avec le sentiment du mal.

CXXXVII.   Les malfaiteurs sont communément odieux, & on en demande vengeance tant qu'on les regarde comme des ennemis dangereux pour la société.   Mais sitôt qu'on lit sur leur visage le repentir & le changement de leurs dispositions, que les chaînes dont ils sont chargés, montrent l'impuissance où ils sont de nuire, ces malheureux, par l'état humiliant où ils se trouvent, deviennent aussitôt l'objet de la pitié du peuple. Dès que l'image de la méchanceté disparoît, & qu'il n'y a plus rien à craindre, la haine contre les coupables s'éteint.

L'homme qui plein de confiance en ses forces pardonne lorsqu'il pourroit se venger, est regardé comme une belle ame.   Nourrir au contraire dans son cœur une colere implacable, c'est montrer un caractere odieux & une ame foible. *Il n'y a point*, dit Seneque, *de gloire comparable à celle d'un prince personnellement offensé qui ne se venge point.*

D'où *l'esprit de vengeance* tire t-il son origine? Cette maladie vient en grande partie du *caractere* (79), du *sexe*, & surtout de l'*éducation* particuliere & publique corrompue par les préjugés invétérés des peuples.   L'opinion des peuples *septentrionaux sur les vengeances héréditaires* nous en fournit un exemple; ainsi que les erreurs des Juifs sur ce point, qui ont été détruites par J. C. & par ses Apôtres.

CXXXVIII.

CXXXVIII. Le plaifir de la vengeance eft faux
& de courte durée. Il ne laiffe après lui aucun
bien. Il fait au contraire beaucoup de mal. Pour
une bleffure il en fait deux. Il attire la haine
des autres fur celui qui n'a pu fe contenir lui-
même. Il féme la discorde & les maux qui en
font la fuite, & par conféquent il rompt les liens
par lesquels les hommes font attachés les uns aux
autres pour leur avantage commun.

Il y a moïen de prévenir ou de guérir cette maladie. Une ame *noble* doit mettre les offenfes (130)
ou les pertes irréparables au nombre des orages
de la vie. Elle doit auffi éloigner la penfée
de l'auteur du mal, & foit en fe procurant d'autres biens, foit en aïant recours au reméde de la
patience (88), chercher à étouffer le fentiment
de fon mal.

On appelle *une ame généreufe* celui qui étant
offenfé de la manière la plus outrageante, a
affez de force & de courage pour ne point reffentir le defir de la vengeance, ou pour l'étouffer
aifément. La *générofité* eft la *fource de la fatisfaction la plus douce.*

CXXXIX. La cruauté eft une difpofition plus
rare que le defir de la vengeance. Une méchanceté qui n'a pas befoin d'être provoquée en eft
le principe. Née de la légereté & de la pétulan-
ce du premier âge, nourrie par les querelles &
par tout ce qui contribue à rendre le cœur infenfible (132), préparée quelques fois par l'organifation, elle fe fortifie & s'accroit par le fpec-
tacle fréquent des actions violentes & fanguinai-
res, qui nous eft offert, foit dans l'hiftoire, foit
fur la fcene du monde. La jaloufie, la vengean-

F 2

ce

ce & *la timidité* portent quelques fois la cruauté jusqu'à une rage qui furpaffe celle des bêtes féroces.　L'hiftoire, furtout celle des guerres civiles, eft pleine d'exemples de pareils excès.

L'homme cruel fe prive du plaifir attaché à la bonté; & la réflexion le livre néceffairement aux tourmens d'un *repentir tardif.*　Plus on eft *inhumain,* plus on eft ennemi de foi-même (109).

CXL. Comme la défenfe (130) eft le remede des injuftices qui troublent la fociété (129); le moïen d'échapper aux *désagrémens* qui s'y rencontrent (131) ou de les adoucir fe trouve dans l'attention à éviter tout ce qui peut offenfer, dans un caractere tout à la fois doux, paifible, & ferme, qui, auffi inébranlable dans le bien qu'éloigné d'une roideur déplacée, fache défarmer les méchants par les *bienfaits* (117), & les faire *rougir* de leurs projets (104), & qui n'ait jamais la foibleffe de rendre le mal pour le mal (138).

CXLI. Il nous refte à parler d'une derniere efpece de *désagrémens* (128) que nous rencontrons dans la fociété par notre faute plutôt que par celle des autres, & dont nous ne pouvons fouvent accufer que nous mêmes. Ils naiffent de deux difpofitions oppofées qu'on peut porter dans la fociété; l'une confifte à fe refufer à toute déférence pour la volonté des autres, dans la crainte de fe mettre dans une trop grande dépendance d'eux pour fa conduite & pour fes avantages; l'autre à fe rendre baffement efclave d'autrui, & à s'aveugler volontairement au point de quitter la vraïe route de la félicité.

CXLII.

CXLII. La nature aïant lié étroitement les hommes entre eux par le befoin réciproque qu'ils ont les uns des autres, elle a voulu qu'ils fuffent dans une dépendance mutuelle ; mais en leur infpirant de l'*activité* (62), & l'amour de la *liberté*, elle a voulu donner des bornes à cette dépendance.

Nous avons vu (50) ce que les Pfychologiftes entendent par la *liberté*, lorfqu'ils veulent expliquer la manière dont l'ame délibére, fe détermine & exécute fes réfolutions. Relativement à l'état focial ce mot a une acception différente ; il défigne un ufage *des forces auquel les autres hommes ne mettent point obftacle* ; Et dans ce fens on dit qu'un homme n'eft pas libre, quand il fe trouve contraint par les autres de faire ou d'omettre quelque chofe contre fa volonté, ou quand, dans la crainte déraifonnable de fe manquer à lui - même, s'il ne prend les autres pour modeles, il les imite fervilement.

Ce double rapport de la liberté donne lieu à deux définitions différentes ; en premier lieu la liberté eft la *faculté de difpofer à fon gré de fes actions dans la fociété, fans être contraint, & fans craindre de l'être à faire ce qui plaît à un autre* ; & pour la diftinguer plus exactement de la *licence*, c'eft le *pouvoir de faire ce qu'on veut fans bleffer les droits d'autrui*. C'eft en ce fens que les Jurisconfultes prennent la liberté, lorfqu'ils en expofent les droits (129).

En fecond lieu, ce mot défigne une forte de *liberté morale* (84), qui confifte dans *une force d'ame qui nous éloigne d'un devouement bas infpiré par la pareffe, d'une imitation ftupide, & d'une complaifance aveugle*.

F 3

Cette

Cette double signification fait entendre comment il se peut faire que les mêmes hommes soient très attachés à la liberté, & méritent cependant d'être regardés comme esclaves.

CXLIII. La nature a mis dans tous les hommes l'amour de la liberté prise dans le premier sens (142). Les enfans en éprouvent l'impression, & la manifestent ainsi que les hommes faits. Les premiers souffrent impatiemment les avis, & n'exécutent qu'avec peine le travail qu'on leur prescrit; mais sitôt qu'on leur en expose avec douceur les raisons, ils s'y soumettent avec empressement; alors ils croïent plutôt faire leur volonté que suivre celle de leur maître. Les hommes faits, lors même qu'ils sont accoutumés à la servitude, frémissent du joug qu'ils portent, si l'orgueil de leur maître les fait souvenir de leur foiblesse, & leur rappelle l'impuissance d'une colere dépourvue de forces; c'est par le même sentiment qu'ils s'opposent vivement aux manieres impérieuses quand ils n'ont rien à craindre.

Les peuples qui n'ont ni loix ni magistrats ont en horreur toute autorité, même celle qui est douce & salutaire. Ils aiment mieux une vie *pauvre & dure* avec l'indépendance, *que l'abondance achetée au prix de la soumission.*

L'utilité de cet instinct est grande, pourvu qu'il soit soumis à la raison. Il éleve le courage des hommes, les empêche de se mépriser eux mêmes, & les porte à résister à ces êtres orgueilleux qui se croïent trop au dessus de l'humanité pour n'avoir pas le droit de la mépriser. Il inspire une noble liberté de penser & le desir d'acquérir des forces, d'avoir un état fondé sur ses

pro-

propres forces au lieu d'un état précaire & dépendant de celles d'autrui. Il rend les hommes
actifs, induſtrieux, fenſés & courageux.

CXLIV. Il eſt néceſſaire, que la raiſon gouverne cet inſtinct (52). Elle met dans la balance, d'un côté, les effets de la férocité & de l'in-
flexibilité d'un caractere qui ſe refuſe à toute dépendance, quoique accompagnée d'avantages
réels, & qui ne fait rien par déférence pour les
volontés d'autrui, & de l'autre, les ſuites d'une
diſpoſition ſoit à ſe ſoumettre à une autorité, &
à ſupporter un joug dont on ne peut être délivré
qu'en s'expoſant à de plus grand maux, ſoit à ſe
prêter quelquefois à la volonté des autres en ſe
conformant à leurs deſirs. D'après cette com-
paraiſon, il eſt clair qu'une entiere liberté, c. a.
d. une liberté indépendante de toute *autorité* &
à couvert de toute contrainte, ne rend pas toujours les hommes heureux: 2°. que la déférence,
la complaiſance & l'imitation ne ſont pas toujours
contraires à *la vraie idée* de la liberté; mais 3°.
qu'il peut arriver au contraire qu'une très grande liberté ſe concilie avec une obéïſſance très pénible (142). A l'égard du *premier article*, la
contrainte oppoſée à la liberté a lieu de deux manieres. Ou elle ôte la force phyſique de réſiſter
aux volontés d'autrui, ou elle abbat le courage
en plaçant celui qu'on veut ſoumettre entre deux
maux, l'un plus grand attaché à la réſiſtance,
l'autre moindre, s'il ſe ſoumet à la volonté
d'autrui.

Or toute contrainte n'eſt pas contraire *au bonheur*. Le bonheur eſt compatible 1°. avec celle
qui tire ſon origine du *pouvoir* des parens & des

F 4

inſtiinftituteurs, lequel eft fondé fur la *nature*; 2°. avec celle qui eft établie par le *confentement* ou des citoyens qui fe foumettent à un gouvernement, ou de quelques individus qui s'engagent dans une fociété particuliere, 3°. avec celle qui eft fondée fur la *défenfe néceffaire* pour fe garantir de la violence (129. 130).

Mais, dira t-on, rien *n'eft plus agréable* qu'une entiere *indépendance*. Il eft toujours dur d'être expofé à la contrainte quelque qu'elle foit. Je le veux. Quelquefois cependant *on fouffre pour n'avoir point voulu fouffrir*; & c'eft un mal de n'être *point contraint*. L'amour de la liberté, ainfi que tous nos penchans, eft fubordonné au defir du *bonheur*. Pour juger jufqu'à quel point il eft conforme à la fageffe de faire fa volonté, de ne point fe conformer à celle des autres, ou même d'y réfifter, nous n'avons d'autre moïen que de comparer l'inftinct de la liberté avec le bonheur, en nous fouvenant que le bonheur n'exclut point les peines qui doivent être fuivies de plus grands biens.

CXLV. A l'égard du fecond article (144); ce n'eft point déroger à la liberté que d'adopter les penfées des autres & d'imiter leurs actions, lorfque nous les approuvons avec connoiffance de caufe (142). Ainfi pour ne pas paroître recevoir la loi d'autrui, aimer mieux marcher à tâtons dans les ténebres que d'éviter tout danger en fuivant ceux qui éclairent la route, c'eft fe former une idée fauffe de la liberté.

L'opiniatreté qui naît de cette erreur, l'entêtement, l'ardeur à combattre les fentimens d'autrui ont pour effet ordinaire, de femer des querelles qui troublent le repos de la fociété &

font

font perdre de vûe les *bons conseils*, de diviser les sociétés particulieres, d'enfanter des factions & de détruire les empires & les nations.

CXLVI. Plusieurs causes concourent à faire naître cette *fausse idée de la liberté*, & à la fortifier au point qu'elle devienne presque impossible à détruire. Outre le caractere (79) & l'éducation, il y en a de particulieres telles qu'une fausse idée *de l'honneur* (124) par laquelle on prend pour bassesse une *déférence prudente* & *la complaisance* quelque qu'elle soit, l'orgueil qui présume témérairement de ses forces (97), l'envie, (135) ou, comme dit Tacite, *ces vices communs aux grandes & aux petites sociétés, l'ignorance du bien & la jalousie*, le desir ambitieux d'acquérir du pouvoir ou de le conserver. Telles sont les causes qui font qu'on attache l'*idée de liberté* à ne jamais céder aux autres, & *celle d'esclavage* à ne pas être toujours le maître.

CXLVII. D'un autre côté on a moins de liberté qu'on ne pense, (145. n. 3) & on est privé de celle que nous avons défini (142) en second lieu, lorsque de soi-même & sans y être déterminé par un motif considérable, on se met à son désavantage dans la dépendance des autres.

Ceux qui se conduisent ainsi font regardés comme des *ames basses & rampantes*, parceque renonçant à l'usage de leurs facultés, ils cherchent, comme de vils esclaves, dans le secours d'autrui, ce qu'ils pourroient se procurer par leurs propres forces en conservant leur liberté. Tels sont ces hommes qui n'étant point accoutumés à vivre avec eux-mêmes, craignent l'ennui de la solitude,

 qui

qui fondant uniquement l'efpérance de leur bonheur fur les richeffes & la faveur des autres, qui
agités par la crainte ou l'efpérance des maux ou
des biens les moins confidérables, reglent fervilement leurs penfées, leurs paroles & leurs actions,
compofent l'air de leur vifage fur les caprices &
les exemples des autres. Tels font enfin ceux qui
pouvant être indépendans, adoptent néanmoins
un genre de vie dans lequel ils font & confentent
à être forcés de faire dépendre une grande partie
ou même la plus grande partie de leurs actions
de la volonté des autres, même lorsque cette
volonté eft folle & déréglée.

CXLVIII. Outre qu'il y a des hommes qui font
efclaves par caractère, comme le dit Ariftote, l'é-
ducation, dont l'influence fur nos penchans & fur
nos penfées eft fi puiffante, fait auffi des efclaves.
A cette caufe fe joignent l'habitude de la dépendance, la pareffe qui en eft la fuite, la crainte
d'être expofé à la haine des autres, d'être privé
du commerce avec eux, d'être vexé, d'effuyer
des injuftices. Le defir immodéré des plaifirs,
la paffion des richeffes, les befoins, font encore
les motifs qui font adopter cette baffe dépendance.

Il ne faut pas oublier de mettre au nombre de
ces caufes la haine *qu'on a pour fes égaux* ou pour
ceux *qui voudroient l'être*, haine qui eft excitée
par leur arrogance, leurs violences & leur avarice. L'ambition qui afpire aux honneurs & au
pouvoir eft du même genre.

L'ambitieux confent à être efclave d'un feul
homme ou d'un petit nombre, pour pouvoir exercer fa domination fur un plus grand nombre.

Diogene captif demandoit qu'on lui donnât pour *maître celui qui auroit befoin d'en avoir un.* Quand cet affervifſement aux volontés d'autrui s'eſt for-tifié par l'habitude, il fe change en une pareſſe qui s'enorgueillit de fon joug.

CXLIX. Ce renoncement volontaire à la liber-té s'étend fort loin. Souvent au lieu de juger d'après foi même, de ce qui eſt vrai, décent, agréable, bon, on n'en juge que d'après l'opinion commune du plus grand nombre ou de ceux qui ont le plus de pouvoir. Deux exemples méri-tent particulièrement qu'on les rappelle ici. L'un eſt ce qu'on appelle en Europe les *regles du point d'honneur*; l'autre eſt *le luxe néceſſaire.*

A l'égard du premier, l'opinion fur ce qui bleſſe l'honneur & fur ce qu'il faut faire pour le défendre, eſt né chez les Goths & a regné par-mi nous depuis le moïen âge jusqu'à préſent. El-le a pris de fi fortes racines qu'elle l'emporte fur la raifon, fait céder la loi, & force fouvent le législateur d'exiger & de louer ce qu'il condamne.

CL. Le mot *luxe* chez les Latins défigne une *dépravation de mœurs,* jointe à *une profuſion immo-dérée des richeſſes. L'uſage ordinaire donne à ce terme* un fens moins odieux; il fignifie parmi nous *l'application à multiplier & varier l'uſage des fuperfluités propres à procurer aux fens les plaiſirs non mauvais par eux mêmes.*

Le luxe *pris en ce fens* n'eſt pas toujours nuiſi-ble. Il ne pourroit l'être qu'autant que les plai-ſirs des fens ou feroient toujours mauvais, ce qui, comme nous l'avons prouvé, eſt faux, (67), ou que le vice réfideroit dans les dépenfes faites pour fe procurer les objets de luxe. Or les grandes dépenfes ne diffipent pas toujours le pa-

trimo-

trimoine; elles font au contraire utiles à la fociété, en ce qu'elles fervent à faire vivre, &
quelques fois à enrichir ceux qui aiment mieux
trouver leur fubfiftance dans le travail que vivre
d'aumônes dans l'oifiveté.

Ainfi on ne peut trouver le vice qu'on reproche au luxe que dans l'application à varier les plaifirs à quelque prix que ce foit. L'amour du luxe
peut donner à l'ame une impulfion trop forte &
nous précipiter dans des dépenfes exceffives;
ainfi il peut énerver le corps & l'ame, diffiper
nos biens , nous enlever le tems qu'il faudroit
donner aux affaires, nous priver des moïens de
foulager l'indigence , & nous ôter l'empire fur
nous mêmes (85).

CLI. Le luxe peut nuire principalement par
l'*exemple*, en donnant un nouveau dégré de force
au penchant qui nous porte à imiter. Ce n'eft
pas feulement aux perfonnes qui vivent dans le
luxe, mais à la fociété entière qu'il eft pernicieux,
lorfqu'il eft devenu néceffaire. J'appelle *nécef-*
faire, celui auquel on ne peut fe refufer fans s'expofer au mépris & aux divers inconvéniens qui y
font attachés.

Ceux que la féduction des plaifirs n'entraîne
point , fouvent ne peuvent réfifter au mépris.
D'où il arrive que le luxe paroît néceffaire à ceux
même qui ne l'aiment point. Sitôt qu'il a établi fon empire , l'opinion publique fe fondant
non fur la nature, mais fur les idées changeantes
des hommes (65) donne aux befoins une étendue indéfinie. La néceffité de poffeder un grand
nombre de chofes ne laiffe plus de place à la mo-
dération des defirs. Une avarice néceffaire &
con-

contagieuse s'empare des cœurs, &, comme dit Tacite, *corrompre & être corrompu* s'appelle *le ton
du fiecle.* Infenfiblement la pauvreté gagne toutes les familles : le courage fe perd avec les biens,
il s'énerve dans la molleffe. L'amour de la vertu fe refroidit. On fe rit de ceux qui travaillent
pour le bien public & pour la poftérité. Tout
devient vénal. La liberté périt, tandis que le def-
potisme s'établit, & fait en peu de tems de très
grands progrès.

CLII. Par ce que nous venons de dire, il eft aifé
de voir, combien il eft dangereux, foit de fe mettre dans une entiere dépendance des autres (147 &
fuiv.) foit de ne vouloir en aucune forte les prendre pour guides (142). Refte à examiner quelles
font les bornes qui féparent une *complaifance bla-
mable d'une déférence avouée par la raifon,* ou, en
d'autres termes, une complaifance qui *contribue
à notre bonheur, de celle qui y eft contraire.* Si
en adoptant les penfées d'autrui & en imitant fes
actions on n'a aucun mal à craindre, & qu'on ait
quelque bien à efpérer, c'eft fuivre la route du
bonheur & par conféquent de la fageffe que de fe
conformer à la maniere de penfer & aux mœurs des
autres. Mais rejetter les confeils falutaires & fé-
conds en effets avantageux, par la raifon qu'on
n'en eft pas l'auteur, & qu'on croit au deffous
de foi de fuivre l'exemple au lieu de le donner,
c'eft fe laiffer dominer par l'orgueil & l'envie &
être ennemi de foi même (97).

Si la facilité de fe prêter aux volontés des autres & de fuivre leurs avis & leurs exemples, ou
la difpofition contraire paroiffent également expofées à des inconvéniens, de deux maux le fage
choifit le moindre.   La

La timidité, dans ce cas, trouble le jugement. Elle nous force de regarder comme légers les inconvéniens attachés à la complaifance, & ne nous laiffe voir que les inconvéniens de déplaire aux autres en blâmant leurs goûts ou en y réfiftant. Elle nous empêche de prévoir qu'un attachement conftant au bien nous mériteroit un jour les éloges & la bienveillance de ceux à qui nous aurions déplu, & que par conféquent il eft fouvent avantageux de nous expofer par notre fermeté à être d'abord négligés & méprifés par eux. Il eft d'autant plus néceffaire de s'étudier *à être ferme avec fageffe* qu'il eft plus facile de paffer d'*une timidité exceffive*, dont on a été longtems la dupe, à la brutalité, à moins qu'un caractere fortifié par la raifon & l'expérience ne réprime promptement les faillies d'une vivacité qui ne connoit point de bornes.

CLIII. Les conféquences de ce principe font évidentes. 1°. Si les actions, auxquelles les autres voudroient nous affocier ou defireroient que nous ne miffions point obftacle, font de nature à *bleffer* les *droits* de quelque individu, ou à être notablement préjudiciables à la fociété; il eft du *devoir d'un homme ferme*, de ne point fe rendre complice de la méchanceté, de ne point céder à des ordres injuftes; il doit empêcher le mal, s'il l'a promis (129), & s'il n'y eft point engagé par fa promeffe, il doit encore y mettre obftacle, dans le cas ou il y a plus d'inconvénient à le fouffrir qu'à l'empêcher. *La paix* n'eft d'aucun prix lorfque les avantages qu'elle procure font de peu de durée, & achetés par des inconvéniens plus confidérables. *La recherche d'une paix falutaire ne*

peut

peut être que la prudence continuellement appliquée à éviter ou à faire ceſſer tout conflict de volontés vraïement nuiſible à la ſociété.

La fermeté ou cette diſpoſition habituelle de ne *point s'écarter du droit chemin dans la crainte d'encourir l'indignation d'autrui*, eſt l'effet d'un vrai courage, *lorsque les maux auxquels elle nous expoſe ſont conſidérables* (80). Elle eſt à elle même ſa récompenſe. L'homme ferme échappe *au mépris* attaché à la timidité, évite la haine de ceux à qui la complaiſance auroit été pernicieuſe, & n'eſt point expoſé aux regrets que nous donne le mal d'autrui, lorsque nous voions que la *crainte de déplaire* nous a déterminés à nous y prêter. Un caractere ferme éprouve *néceſſairement* de la ſatisfaction à la vue de ſa force. *Thémiſtocle* fut courageux, & dut néceſſairement paroître grand à ſes yeux, lorsqu'il réprima l'impétuoſité d'*Euribiade* par ces paroles: *frappe, mais écoute.*

2°. Si quelqu'un ſe trouve dans de telles conjonctures que ſon opiniâtreté *lui* devienne nuiſible, c'eſt exercer *une ſorte de bienfaiſance* (117) de le laiſſer faire, ſi on a lieu d'eſpérer qu'après avoir *été puni de ſon entêtement*, il en deviendra plus ſage.

3°. Enfin ſi la complaiſance doit nous attirer à nous mêmes quelque *mal conſidérable*, & ſi l'inconvénient de la fermeté eſt *de peu de conſéquence*, il eſt de la ſageſſe de ne pas céder. C'eſt avec raiſon, pour me ſervir de cet exemple, que Ciceron mépriſa les clameurs de ſes critiques, *qui lui faiſoient un crime de ſurvivre à la perte de la République.*

Si les *maux* qui ſont la ſuite de notre complaiſance ſont *légers* & de peu de durée, s'il eſt facile

cile d'y remédier, il eſt d'un homme *éclairé* de *tolèrer des conſeils qu'il n'approuve point*, plutôt que d'aigrir par la contradiction ou par le défaut de déférence des cœurs aveuglés & de les jetter dans le précipice.   Le ſage fait qu'en cédant dans de petites choſes, on gagne les eſprits, & on les diſpoſe à écouter la raiſon dans des cas plus importans.   C'eſt ainſi qu'un pouvoir exercé avec douceur a des ſuccès que n'obtient point la violence.

SECTION V.

L'intérêt de l'homme eſt d'être utile à ſon ſemblable.

CLIV. Nous venons de conſidérer la ſociété comme un jardin ou les fleurs ſont entremêlées d'épines.   Nous avons indiqué le moïen de cueïllir les unes, ſans être bleſſé par les autres.   Il nous reſte à conſidérer l'homme en ſociété, comme contribuant, autant qu'il eſt en lui, à augmenter les biens & à diminuer les maux de ſes aſſociés.

Trois motifs peuvent l'engager à s'acquitter de ce devoir envers la ſociété.

Le premier eſt qu'il eſt ſûr de trouver ſur le champ dans ſes concitoïens des ſecours *pour ſe procurer les biens extérieurs* (109. 116).   Celui qui n'eſt porté que par ce motif *à aider ſon ſemblable, ou à ne pas lui faire tort*, ne s'intéreſſe aux avantages d'autrui, *qu'autant & auſſi long-tems*

tems qu'il en a besoin pour lui-même. Une pareille *disposition* ne peut guères être réputée pour un amour de son semblable, elle n'est tout au plus *qu'un amour mercenaire.* Quand on a la maladie de *l'égoisme moral,* & *qu'on néglige les intérêts de ses semblables, par cela qu'on n'en espere aucun profit pour soi,* on a toujours peur d'en faire trop, & dès lors on n'en fait pas assez. C'est ainsi qu'après que le *sentiment de bonté a perdu sa force,* on cesse d'en ressentir les doux effets (102), & qu'on est puni de son fol amour propre (96).

CLV. Le second motif (154) est *la bonté,* sentiment qui, en *s'augmentant & en faisant des efforts pour se manifester par des actes particuliers, produit dans l'homme un amour pur de son semblable.* Le caractere de cet amour est de se *réjouïr du bien qui arrive à autrui, de contribuer à l'augmenter, & de ne desirer d'autre récompense que de voir quelqu'un heureux.* Cet amour, pour être pur, n'exclut pas & ne peut pas exclure toute recherche de son propre bonheur (12). L'exiger, seroit *changer la nature de l'être intelligeut.*

Le troisième motif nait du sentiment qui résulte de la combinaison des deux amours dont nous venons de parler. A la satisfaction que produit en nous la vüe du bonheur de nos semblables se joint l'espérance que nous en retirerons quelque avantage. Par un effet de *cet amour mixte,* l'homme en se réjouïssant de la félicité des autres, jette un regard sur lui-même, y entrevoit *la sienne propre,* & en jouït d'avance par l'espérance.

G   CLVI.

CLVI. L'Education, l'exemple, l'habitude peuvent faire que l'homme n'ait aucun de ces amours ou qu'il n'ait que *l'amour mercenaire*, parcequ'il s'accoutume à vivre toujours pour lui seul, & jamais pour les autres.

L'amour *pur* est celui qui est plus digne de l'homme, & lui procure plus de *vrai plaisir*.

Il porte l'ame à rendre justice au mérite & aux qualités aimables, & à obliger, lors même qu'il n'espere aucun profit. Son espérance ne peut pas être trompée, puisqu'il n'attend rien ; ainsi il n'a point à craindre le chagrin d'être trompé dans son attente.

La joye & la satisfaction qui l'accompagnent sont supérieures à celles que pourroient lui causer l'acquisition de quelque bien physique. Car comme il est plus agréable de devoir son bienêtre à la bienveillance de quelqu'un qu'au hazard, de même la vüe du bonheur de ses semblables est plus ravissante que le spectacle des beautés physiques. D'ailleurs nous éprouvons un sentiment plus doux de savoir quelqu'un heureux par nos bienfaits, que de le savoir plus riche ou plus puissant par les bienfaits d'autrui. Quel surcroît de plaisir n'ajoute pas la pensée qu'un tel amour rend l'homme plus semblable à la Divinité !

CLVII. Il est de l'intérêt de l'homme d'étendre son amour jusqu'à *ses ennemis*, même ceux qui sont *méchans*. La nature qui réprouve *la vengeance*, (138) nous défend de nous haïr réciproquement. L'amertume du cœur, qui est inséparable de la haine, fait sur l'ame le même effet que les humeurs acres sur le corps. (109) Si la haine demeure dans le cœur sans éclater au dehors,

dehors, elle ne sert qu'à nous tourmenter nous mêmes. Si nous la manifestons, elle rend la haine de notre adversaire plus active, & lui donne l'avantage à l'extérieur de paroître moins attaquer que se défendre.

Aimer son ennemi, c'est rendre justice à *ses qualités estimables,* & en même tems qu'on *oppose aux efforts de sa haine une juste défense,* faire des efforts pour lui ôter tout *pour sujet de haïr.* On peut y réussir en saisissant toutes les occasions de l'obliger, pourvu qu'on le fasse sans aigreur, sans ostentation, & sans affecter une supériorité propre à l'irriter.

Il n'est pas aisé *d'oublier les injures,* j'en conviens; [il y a même des caracteres qui le peuvent moins que d'autres (79)] mais cela n'est pas impossible. Il y a un art pour savoir *oublier,* comme il y en a un pour se souvenir. Concluons que celui qui hait son ennemi, ignore les avantages qu'il peut retirer de cette inimitié, & est l'ennemi de sa propre tranquillité.

CLVIII. On peut comprendre aisément quels sont les biens qu'il est de notre intérêt de procurer à la société, & quels sont les maux que, pour notre propre bonheur, nous devons lui épargner. Nous avons vu dans la *Sect.* IV. les avantages que chacun desire de trouver dans la société, & les désagrémens qu'on peut y essuyer. La nature est la même dans tous les hommes; ils ont tous le même desir du bonheur: les moïens d'y parvenir sont aussi les mêmes pour tous. C'est sur ces principes qu'est fondée la vérité des *axiomes* suivans: *Ne faites point à autrui ce que vous ne voulez pas qu'on vous fasse à vous même, par la raison que ce seroit contraire à votre bonheur* (129.

& feq.) *Ce que vous defirez des autres comme vous étant utile , faites le pareillement pour l'utilité de votre femblable* (112 & feq.)

CLIX. C'eft agir raifonnablement & travailler à fon bonheur, que de rejetter comme faux tout plaifir (9) qu'on ne peut fe procurer qu'aux dépens d'autrui, ou en lui caufant une douleur confidérable, & à laquelle il feroit difficile de remédier. La raifon & la bonté veulent qu'on retranche volontiers quelque chofe de fes plaifirs, pour augmenter ceux des autres.

Celui qui veut fe conduire par ces principes 1°. doit s'accoutumer à avoir de l'horreur pour tout acte qui nuit à un autre. Pour cet effet il fe convaincra qu'il eft contre la nature, & même qu'il eft impoffible de retirer quelque avantage réel de ce qui nuit à autrui; il s'armera de douceur & de prudence *contre les injures*; en interprétant d'une maniere favorable les intentions des autres, il préviendra les mouvemens de fa colere, il ne foupçonnera pas légérement de la malice dans fes femblables. S'il fe trouve forcé d'avoir recours à une *jufte défenfe*, il confervera la paix & l'égalité d'ame; il cherchera de bonne foi à fe réconcilier, & quand il y aura réuffi, il bannira de fon cœur tout levain de vengeance. Sachant qu'il faut donner quelque chofe aux préjugés, parcequ'on ne peut pas les détruire tous, à moins que d'employer des remédes pires que le mal, il fe privera de chofes qui lui feroient plaifir, pour ne choquer perfonne, pour ne point exciter l'envie, ou infpirer à d'autres un defir de l'imiter dans des chofes qui leur feroient nuifibles.

2°.

2°. Pour pouvoir être plus utile, il travaillera à augmenter ses facultés; il les employera volontiers pour l'utilité des autres; car c'est les conserver que du les employer à cet usage. Elles rendent le centuple par les plaisirs vrais qu'elles procurent.

On peut être utile aux autres de cette maniere, ou en éloignant d'eux les maux qui les menacent, ou en faisant cesser les chagrins qui les affligent [p. ex. en conciliant des plaideurs] ou en augmentant leurs biens physiques, ou enfin en les mettant en état d'en acquérir beaucoup.

3°. Il est de l'intérêt de l'homme d'aimer son semblable, c'est le vœu de la nature. Mais pour ne pas se manquer à lui-même, l'homme sage ne multipliera pas trop ses liaisons, dans la crainte que ne pouvant suffire à chacun, il ne devienne froid & indifférent pour tous & même ne ferme son cœur à toute espèce d'amitié; il ne resserrera pas non plus trop le nombre de ses amis, ou il ne se concentrera pas dans une seule société, ou même uniquement dans sa patrie, car il doit s'intéresser aux autres hommes & aux autres nations. La route que la nature nous a tracés pour être heureux, est de croire que nous ne sommes pas faits pour nous seuls, mais pour tous les hommes. Socrate interrogé *de quel païs il étoit*, répondit qu'il étoit *citoyen du monde*; réponse pleine de sens & d'humanité.

CLX. *L'instinct de la bienveillance* (102) nous porte à nous attacher à ceux que nous connoissons, & lorsque nous pouvons être témoins du succès des services que nous leur rendons, parceque l'instinct de la *nature nous porte toujours*

 à

à ce qui *eſt préſent & actuel* (52). Mais la raiſon qui nous fait voir les effets éloignés qui ré-
ſulteront de nos actions, nous inſpire d'obliger
ceux même qui ne ſont pas de notre connoiſſance.

Augmenter le nombre & l'intenſité de ſes vrais
plaiſirs, c'eſt augmenter ſon bonheur, (14) car
plus les plaiſirs qu'une de nos actions nous procure à nous mêmes & aux autres hommes connus ou inconnus, ſont vrais, grands, ſtables, plus
le nombre de ceux qui ſe reſſentent de ces biens
eſt grand, plus auſſi cette action influe ſur notre
bonheur (14).

CLXI. Un premier corollaire de ce paragraphe eſt qu'il entre dans l'ordre de notre félicité
de penſer à ceux qui viendront après nous. *Le
deſir d'une gloire immortelle* n'eſt pas capable de
procurer à l'ame un plaiſir auſſi doux que celui
qui accompagne la penſée qu'on a travaillé pour
la poſtérité. Tant de héros dont la tombe n'a
point été arroſée par des larmes, & dont la mémoire eſt enſevelie dans l'oubli, ſont la preuve
que la gloire qui nous ſurvit, & encore plus une
gloire immortelle doit être miſe au nombre des
effets accidentels des bonnes actions, qu'ordinairement on ne peut la regarder comme probable,
& que jamais on ne peut ſe la promettre avec certitude (43).

Mais planter des arbres dont la poſtérité re-
cueillera les fruits ſans ſavoir à qui elle en ſera redevable, eſt toujours une action qui fait plaiſir,
dans cette vie, & après la mort, ſoit que
l'homme qui a quitté la vie ait encore quelque connoiſſance de ceux qu'il laiſſe ſur la terre, ſoit

qu'il

qu'il reste dans une entière ignorance à cet égard. L'ame trouvera dans le souvenir qu'elle conservera de ses actions la récompense de celles qui sont utiles au genre humain.

CLXII. Un second corollaire du même paragraphe est : que ceux qui ont soin de *l'éducation* des enfans se préparent à eux mêmes par cette action de bienfaisance autant d'avantages qu'ils en procurent à ceux dont ils sont chargés.

L'*Education* consiste à veiller continuellement & avec soin à ce que les enfans, à mesure que leur corps se fortifie & que leur raison se développe, apprennent à diriger leurs actions d'une maniere conforme à leur bonheur.

Ceux qui ont reçu une bonne éducation ont acquis la facilité de pouvoir être utile à eux mêmes & aux autres. C'est pourquoi l'instituteur a d'autant plus travaillé pour son propre bonheur que son éleve est lui-même plus heureux , & qu'il y a plus de personnes qui doivent à cette bonne éducation le commencement & la perfection de leur bonheur.

Un instinct naturel particulier presse les parens de se charger de ce travail difficile. Ils y sont encore engagés par la considération des maux qui sont la suite d'une éducation négligée , & des biens qui résultent de celle qui est faite avec soin. Cette considération jointe à une certaine *commisération*, & à l'attachement pour les parens, engage aussi quelques personnes à se consacrer à cet emploi. ·

CLXIII. Le troisième corollaire du même paragraphe, est que cette maxime: *il est doux de*

com-

commander, n'a de vérité, qu'autant qu'on fait consister cette douceur à contribuer de toutes ses forces à augmenter le bonheur des autres, & à les mettre en état de se le procurer.

Voilà en quoi consiste ce qu'on appelle *gouverner*. C'est à dire, que *gouverner*, c'est faire jouïr les associés du plus grand nombre possible des avantages qui font le but de l'association, & les inviter, ou même s'il est nécessaire, les forcer de concourir à la conservation & à l'augmentation du bien public.

Si le plus grand avantage que puisse procurer la fortune est celui de pouvoir être utile à plus de personnes ; combien font malheureux ceux qui élevés au dessus de leurs semblables & aïant entre les mains toutes fortes de moïens de leur être utiles, ont le cœur assez pervers pour ne vouloir pas en faire usage ?

CLXIV. Le quatrième corollaire est (160): que ne pouvant secourir tous ceux dont le besoin sollicite notre assistance, nous sommes obligés de faire un choix, nous ne devons pas préférer celui qui a le plus de besoin, ou celui pour lequel nous nous sentirions plus d'inclination, mais celui que notre secours mettra en état d'être utile à un plus grand nombre de personnes.

Mais ne peut - on pas donner quelque chose à l'inclination, à l'amitié, à la reconnoissance ? Sans doute on le peut, pourvû qu'on ne sacrifie que fon propre intérêt, & non celui du public & de la société qui est bien plus important. C'est ainsi qu'un prince équitable & qui aime le bien public employe son patrimoine à faire des gratifications à ses favoris, mais il réserve les privile-
ges

ges & les honneurs pour ceux qui peuvent être entre ses mains l'inftrument du bien public.

CLXV. On n'eft pas obligé d'aimer *également* tous les hommes. Il eft jufte d'aimer davantage fes parens (126) fes amis, (120) ceux dont on a reçu *des bienfaits*, & *toutes chofes égales*, (164) il eft même naturel de les préférer comme nous étant *plus connus* ou *plus utiles*.

Ce n'eft pas fans raifon que nous regardons *la reconnoiffance*, comme le principal motif de cette préférence; car ce motif eft un de ceux qui agiffent plus efficacement & plus conftamment fur l'ame pour la porter à obliger. La *reconnoiffan-fe* eft une *difpofition permanente de reconnoître les fervices qu'on a reçus & de faire pour fon bienfaiteur tout ce qu'on croira pouvoir lui être utile & lui faire plaifir.*

Je dis que c'eft une *difpofition permanente*. Car c'eft ignorer le prix des *vrais bienfaits* (120) que de calculer minucieufement ce qu'on a reçu pour ne rendre précifément que l'equivalent, & quand on l'a fait, d'oublier fon bienfaiteur, à peu près comme un débiteur ne penfe plus à fon créancier, lorfqu'il l'a payé.

J'ai dit auffi que la *reconnoiffance devoit faire pour le bienfaiteur des chofes vraiment utiles*, parce-qu'un iervice cefferoit d'être *vraiment utile*, s'il étoit rendu à un particulier au préjudice de tou-te la fociété, ou bien fi fans être réellement avantageux à celui qui le demande, il étoit très préjudiciable à celui qui le rend.

Il eft doux d'être reconnoiffant. L'ingrati-tude eft un vice haïffable. Elle déplaît à tout le monde, foit parcequ'on craint que de pareils

exem-

exemples n'altèrent l'amour de la bienfaifance dans les membres de la fociété, foit parcequ'on regarde l'ingrat comme un homme inutile à la fociété, puifque les plus fortes raifons d'aimer le laiffent froid & infenfible.

La ftupidité, l'orgueil, une fauffe idée d'*honneur & de liberté* produifent quelquesfois l'indifférence pour les bienfaits véritables, l'ingratitude qui ne penfe pas à en témoigner de la reconnoiffance, ou même la méchanceté qui rend le mal pour le bien.

CLXVI. Il eft de l'intérêt de l'homme *d'aimer fes femblables* comme *lui-même* (128). Doit-il quelquesfois les aimer plus que lui-même?

Le rapport *naturel* qui eft entre la fociéte & chacun de fes membres, eft tel que ce qui eft vraïement utile à quelques uns, ne peut pas être oppofé à l'avantage réel des autres.   Voici deux regles certaines:

,, Rien n'eft vraïement utile aux individus,
,, qui foit nuifible à la fociété.

,, Ce qui eft utile à la fociété, ne peut pas
,, être vraïement nuifible aux individus.

Mais, dira t-on, comment concilier ces deux regles avec l'obligation ou fe trouvent quelquesfois les citoïens de facrifier pour l'avantage de la fociété leur bien, leur liberté, leur fûreté, leur vie, en un mot tout ce qu'ils ont de plus cher?

Si ce facrifice devoit nuire au bonheur de celui qui le fait, jamais un homme, tant qu'il conferveroit fon bon fens, ne pourroit s'y réfoudre; car il eft impoffible de renoncer au defir d'être heureux (11).

Mais

Mais il est constant, qu'en s'exposant volontairement à souffrir certains maux, on augmente son bonheur, parce qu'on augmente le *nombre de ses plaisirs vrais*. Ainsi cette question, jusqu'à quel point devons nous empêcher ou soulager les maux de nos semblables? revient à celle-cy: jusqu'à quel point pouvons nous espérer de voir augmenter notre bonheur par le sacrifice que nous ferons de notre liberté & même de notre vie, pour procurer le bien de nos semblables?

CLXVIII. Nous le pouvons espérer, lorsque l'intérêt *de notre défense exige* que *nous défendions les autres* (130); ou, lorsque la perte que nous faisons est peu de chose en comparaison des grands avantages qui en résultent pour la société (160). La joie avec laquelle nous supportons en faveur d'autrui la perte des chóses qui nous sont chéres, nous inspire la confiance que d'autres en feront autant pour nous. Qu'on trouve des *Orestes*, on ne manquera pas de *Pylades*. C'est cette confiance réciproque qui fait la sûreté, la tranquillité & la sérénité de la vie.

D'ailleurs peut-on comparer les maux passagers que nous souffrons en faveur de la société, avec les plaisirs dont elle nous a fait jouïr jusqu'à ce moment, ou avec celui que nous cause la vue des grands avantages que nous avons procurés à nos semblables (159).

Supposé même que les maux que nous souffrons pour la société soient grands & de longue durée, nos souffrances ne sont pas sans quelque consolation & quelque plaisir. Le mal que nous endurons reléve à nos yeux le mérite de la bonne action, & augmente nécessairement notre

plaifir (117). Souffrir quelque chofe pour empêcher les autres de fouffrir davantage, eft une
fource de plaifir. Quel eft l'homme qui peut fe
réjouïr, lorsque fes affociés font dans la peine
& qu'il ne peut les en tirer?

CLXIX. Mais, dira t-on encore, s'il arrive
qu'on foit obligé de mourir pour le falut de la
fociété, quel avantage en revient-il à celui qui
meurt? Un très grand, très réel, très folide.

*Il eft doux de mourir pour fa patrie & pour fon
ami*, s'il eft plus utile pour la patrie que notre
ami vive que nous mêmes. Car la mort n'inter-
rompt pas le fil de la félicité de l'homme, mais
elle lui ouvre une nouvelle carriere (17). L'ame,
qui furvit au corps, ne regrettera pas quelques
légers plaifirs dont elle auroit pu jouïr en vivant
plus long-tems; mais elle fe réjouïra dans la penfée fatisfaifante qu'elle a contribué en abré-
geant fes jours à procurer le falut de beaucoup
de perfonnes & des générations à venir, & que
fon *exemple* vivra à jamais pour le bonheur de
l'humanité. Il ne faut, que les trophées d'un
feul homme pour en exciter mille autres à expofer leur vie pour le falut de la patrie. Cette efpérance, cette joïe qui accompagne la fimple penfée qu'une action fera utile aux fiècles à venir,
fuffifent pour encourager les ames nobles & gé-
néreufes à fuivre l'exemple de Codrus, de Léoni-
das, & des autres héros, qui ont méprifé la mort,
lorsque le bien public l'exigeoit.

SEC-

SECTION VI.

Union naturelle de la religion avec le bonheur
de l'homme.

CLXX. Nous avons expliqué comment l'homme peut trouver son bonheur en lui même, (56) & dans la société avec ses semblables (98). Mais sa félicité ne dépend-elle pas d'autre chose?

Toute la nature, autant qu'il est donné à l'homme de la connoître, paroît conspirer à l'augmentation de son bonheur. Je ne parle pas de la fécondité de la terre, qui donne à l'homme avec tant d'abondance des fruits si doux & si agréables, ni de la variété & de la richesse des fleurs dont elle se couvre au printems, ni des accens mélodieux des oiseaux qui annoncent ainsi au Roi de la terre de nouvelles espérances & de nouvelles sources de plaisir. Je ne parle pas non plus des ressources qu'offrent à l'homme la mer, l'intérieur de la terre, & tous les animaux déstinés à son usage. Mais quel ravissant spectacle pour lui s'il considére avec attention les différentes parties de cet univers, l'ordre qui y regne, la sagesse des loix qui les dirigent, le concert harmonieux de tant de globes si différens! Quelle douce satisfaction lorsqu'il réfléchit sur l'ensemble de toute la nature? En approfondissant les secrets de la nature, chacun peut ainsi accroître son bonheur.

CLXXI. Mais cet accroissement de félicité est peu de chose (170), en comparaison de celui qu'il trouvera en s'élévant de la contemplation de la nature à celle de son auteur,   II

Il exiſte un Dieu, il eſt unique, éternel par ſa nature, & par conſéquent diſtingué du monde. C'eſt lui qui par ſa volonté a donné l'exiſtence & la conſerve à *cette ſuite d'êtres finis,* qui, *ſoit qu'ils exiſtent enſemble, ſo't qu'ils ſe ſuccédent les uns aux autres, ſont liés entre eux.*

C'eſt ici le lieu d'examiner comment la connoiſſance vive de *la nature divine & de ſes attributs* peut donner à la félicité de l'homme toute ſa perfection.

CLXXII. Dieu eſt *ſouverainement puiſſant*; car Dieu aïant une puiſſance ſupérieure à toutes les *forces finies* qu'il a miſes dans l'univers, & rien hors de lui ne pouvant mettre des bornes à cette puiſſance, il s'enſuit néceſſairement qu'elle eſt infinie. La *foibleſſe* n'étant qu'un défaut de puiſſance, elle eſt incompatible avec la Divinité. L'ame à la vue de cette puiſſance ſans aucun mêlange de foibleſſe eſt ſaiſie d'admiration & pénétrée du plus profond reſpect (47). C'eſt en cela que conſiſte *l'adoration.* Ce ſentiment bien différent de *la crainte ſervile,* qui glace d'effroi l'eſclave à la vüe de ſon maître, eſt accompagné de confiance & de douceur. La crainte ſervile répugne à la bonté & à la ſouveraine puiſſance du Créateur, qui n'aïant rien à craindre de ſes créatures, n'a pas beſoin de leur inſpirer de la terreur.

CLXXIII. Dieu eſt *ſouverainement puiſſant*; donc il eſt *ſouverainement heureux.* Car ſa puiſſance étant infinie (172), il fait tout ce qu'il veut, & par conſéquent il trouve en lui la ſource

ce éternelle d'une joïe pure & sans mêlange. Ni une partie du monde, ni le monde entier, ne peuvent augmenter où altérer la félicité de l'être suprême. Ainsi il n'a pu créer le monde pour augmenter son bonheur. Ce qui est pour l'homme un nouveau motif de respect & de d'adoration (172).

CLXXIV. Dieu est *souverainement heureux*, par conséquent il *est infiniment sage*. La sagesse est la science qui nous apprend la liaison des fins & des moyens avec la félicité, ou, comme le dit plus briévement Leibnitz, *la science de la félicité*. Si Dieu n'étoit pas souverainement sage, infailliblement ses decrets ne s'accorderoient pas toujours avec les effets qui en sont la suite. Son intelligence infinie lui feroit connoître cette contradiction; & cette connoissance lui causeroit nécessairement du déplaisir, car l'ordre & l'harmonie sont seules capables de causer un vrai plaisir aux êtres intelligens. Ce déplaisir est incompatible avec le bonheur suprême. Ainsi Dieu est souverainement sage par la raison qu'il est souverainement heureux.

CLXXV. Le monde est l'ouvrage de Dieu (171): par conséquent il est digne de sa sagesse (174). Ainsi ni le hazard ni la nécessité ne dirigent ou une partie de l'univers, ou l'univers entier. Dieu a vu de toute éternité la suite & l'enchaînement des effets qui, en supposant l'existence de ce monde, naîtroient les uns des autres. Il a vu tous ces effets, il les a calculés, & l'harmonie admirable d'un tel monde le lui a fait préférer à tout autre arrangement.

CLXXVI.

CLXXVI. Lorsqu'un être intelligent agit, l'effet qu'il defire qui réfulte de fon action s'appelle fon deffein, [*fon but, fa fin.*] La fageffe veut qu'on fe propofe un but, & non pas qu'on agiffe à l'aveugle. Dieu étant infiniment fage (174), ne peut pas ne s'être pas propofé un but, foit en déterminant la nature de chacune des parties de l'univers, foit en uniffant étroitement quelques unes entre elles, foit en fixant l'ordre de chacune & l'harmonie de toutes. Et comme une fageffe infinie eft incompatible avec la moindre contradiction dans fes deffeins, toutes les fins particulieres de Dieu doivent tendre au but général de la création.

Il n'eft point donné à l'être borné de connoître parfaitement l'enfemble admirable de toutes les fins particulieres de la providence; Dieu feul fe connoît lui-même.

CLXXVII. L'homme cependant n'eft pas condamné à une entiere ignorance des deffeins de Dieu, quoique le nombre de ceux qui lui font connus foit petit en comparaifon de ceux qu'il ignore. On peut raifonnablement déduire de l'ufage connu d'une chofe le deffein de celui qui l'a faite, & qui feul en connoît pleinement l'ufage. Mais de cet ufage nous concluons avec jufteffe que tout ce qui convient à la nature de la chofe répond à l'intention fage de l'auteur, & qu' au contraire tout ce qui répugne à cette nature, eft oppofé au deffein de l'auteur.

Ainfi quand je connois la nature humaine, fon effence, fes facultés, fon pouvoir, fes liaifons avec les autres parties de l'univers, j'ai raifon d'en conclure que tout ufage de notre liberté, toute direc-

direction de nos actions libres qui eft conforme à notre nature, l'eft auffi à l'intention du Créateur, & que ce qui eft oppofé à notre nature, l'eft pareillement au deffein du Créateur. C'eft dans ce fens, & non au fens des *Stoïciens*, que l'on peut dire que celui là fuit la volonté de Dieu qui *fe conforme à la nature*, laquelle nous trace très fidélement cette volonté divine.

CLXXVIII. Dieu *eft infiniment fage* (174) & *heureux* (173) ; par conféquent *il doit être infiniment bon*. La bonté confifte à defirer & à procurer le bonheur des êtres intelligens qui font capables d'être heureux & qui le defirent. Entre les diverfes perfections que Dieu a départies aux créatures qui compofent l'univers, le defir du bonheur eft le partage des êtres intelligens. S'il n'étoit pas fouverainement bon, il faudroit dire ou qu'en mettant dans l'homme le defir du bonheur, il n'a pas préparé les moïens dont le concours & la réunion font phyfiquèment néceffaires pour les y faire parvenir, ou qu'il a voulu qu'ils fuffent privés néceffairement d'une chofe qu'ils ne peuvent pas ne pas defirer.

Si Dieu a voulu que l'homme fût heureux, ce dont on ne peut douter, fi on fait attention qu'il eft de l'effence de l'homme de defirer d'être heureux, & que cependant il n'ait pas préparé les moïens néceffaires pour cet effet, ou il faut fuppofer que l'homme fera heureux indépendamment du plan Créateur, ou que le bonheur eft pour lui une chofe phyfiquement impoffible.

La premiere fuppofition tendroit à admettre des *événemens fortuits & imprévus*, ce qui eft impoffible vis à vis du Créateur (175); la feconde

H

dé-

détruiroit l'union & l'harmonie qui doivent regner dans les fins de la Providence, ce qui eſt contraire à la ſouveraine ſageſſe.

Enfin ſi on prétend que le deſſein de la Divinité, en inſpirant à l'homme le deſir d'être heureux, a été de le tourmenter plus cruellement par le refus de ſatisfaire ce deſir, & que le plaiſir de l'Etre ſuprême eſt de voir & de faire des malheureux; cette prétention eſt inconciliable avec la ſouveraine félicité du Créateur, qui ne peut regarder comme bonne une nature oppoſée à la ſienne; par conféquent il ne peut ſe déterminer à la créer; & une telle nature ne peut pas entrer dans ſon plan. Je dis plus, Dieu. devoit néceſſairement rendre poſſible l'acquiſition du bonheur tel qu'il en a inſpiré le deſir à ſes créatures, & tel enfin qu'en ſuivant le plan qu'il s'étoit formé, il pouvoit en faire jouïr chaque eſpèce des êtres qu'il a voulu créer.

CLXXIX. *La Providence* eſt *un effet de la bonté infinie.* Elle fait partie du decret éternel de Dieu pour la création & la conſervation du monde. C'eſt par elle que Dieu, tant immédiatement par lui-même que par la force & l'activité qu'il a miſe dans ſes créatures, ſur tout dans les êtres intelligens, donne ce qui eſt néceſſaire pour parvenir au bonheur, & éloigne les maux capables de le troubler.

C'eſt faute de voir l'union néceſſaire de la Providence avec la bonté ſuprême qu'Epicure a nié la Providence. Quant à ceux qui la reſtreignent aux grands évenemens, & lui enlévent le ſoin des petits; ou ils ne connoiſſent pas la puiſſance divine, & ils meſurent la puiſſance & la nature infinie ſur la connoiſſance bornée

qu'ils

qu'ils ont du grand & du petit; ou ils ne s'entendent pas eux mêmes.

CLXXX. La contemplation de l'Univers a quelque chose de bien satisfaisant, surtout en ce qu'elle fournit des preuves claires de la divine Providence. Les créatures inanimées servent à celles qui font animées; & c'est pour ces dernieres qu'a été créée l'infinie variété des autres êtres. Peutêtre outre le genre humain existe t-il plusieurs especes d'êtres intelligens ou semblables à l'homme ou plus parfaits que lui. La notion de la souveraine Providence ne nous permet pas de douter qu'elle n'ait destiné chacun de ces êtres à un dégré de bonheur déterminé.

Quant à l'homme il doit regarder Dieu comme l'auteur de tout ce qui constitue sa nature, & du rapport qui existe entre son bonheur & les choses naturelles. Sa pitié doit reconnoître avec joie & avec actions de graces la main bienfaisante de la Providence, qui détourne de dessus lui les maux dont il étoit menacé. La *physique*, la *physiologie*, & la *psychologie* fournissent, ainsi que l'histoire, des preuves sans réplique de la Providence.

Le grand & solide avantage de la philosophie est de nous faire mieux connoître la Divinité, & sur tout sous cette qualité bienfaisante d'un pere plein de prévoïance, qui aime plus l'homme que l'homme ne s'aime lui même.

CLXXXI. C'est sur tout dans le lien par lequel Dieu unit l'homme avec son semblable qu'on remarque les signes les moins équivoques d'une Providence qui veille au bien-être de l'homme.

H 2

Le

Le rapport entre les deux fexes eft toujours le même. L'ordre une fois établi pour la naiffance, pour la vie, pour la mort, ne varie point. Les guerres, les ravages, la folie des hommes, fouvent induftrieux pour imaginer des moïens de, deftruction, rien n'a pu troubler cet ordre.

Les deffeins pervers qui tendent à diffoudre l'union qui doit regner parmi les hommes, Dieu les fait tourner au profit de la fociété. Un homme penfe ne vivre que pour lui; livré à cette illufion agréable, il vit pour les autres, &, fans le favoir & comme malgré lui, il eft utile à la fociété.

Un autre croit de bonne foi ne vivre & ne travailler que pour la fociété; fouvent contre fon attente, il éprouvera qu'il a travaillé pour lui même. Le tyran, qui rapporte tout à lui, qui ne confidére que lui, en vexant les citoïens les fait fortir de leur léthargie, & les force de fecouer le joug de la fervitude. L'homme qui ne cherche dans la bonne chere qu'à fatisfaire fes appètits déréglés, fert à nourrir l'induftrie. L'avare amaffe pour un héritier pauvre. Les guerres font connoître des peuples inconnus; les défaites inftruifent & corrigent les vaincus. Quand la paix eft faite, au moïen du commerce des ennemis deviennent des affociés, & la communication réciproque du produit des arts refferre les liens de cette affociation.

CLXXXII. Mais, dira t-on, pourquoi tant de malheureux? Dieu eft infiniment bon & infiniment fage, par conféquent ce n'eft pas lui qui les rend tels.

Les hommes nés pour le bonheur, ne font malheureux que parcequ'ils le veulent bien. La
pro-

Providence leur a fourni des motifs pour fe comporter comme il faut. Elle leur a procuré des *reſſources* contre l'erreur pour empêcher qu'ils ne s'égarent dans la route oppofée à celle du bonheur.

D'ailleurs la raifon conçoit qu'il eſt poſſible que l'homme trouve dans *la révelation* un moïen de connoître, fur la nature divine & fur la maniere d'éviter l'erreur, des vérités que la feule contemplation de la nature ne lui apprendroit pas. Elle peut examiner les caracteres de cette révélation, les fixer, & déterminer ainſi les objets révélés. Elle voit que ces caracteres ne conviennent qu'à la doctrine des Chrétiens. Enfin elle regarde comme une infigne bienfait de la Providence cette inſtitution fainte que J. C. a apportée fur la terre.

CLXXXIII. Dieu n'a pas fait tous ces dons à l'homme comme à une fimple machine. Si une partie de ces biens eſt indépendante du pouvoir de l'homme, & fait partie de fa nature & de fon effence; l'autre eſt confiée à fes foins, à fon intelligence, *à fa liberté*. Mais afin qu'il connût les *limites* & la *fin* de fa liberté, Dieu lui a indiqué les *conditions* auxquelles il pouvoit parvenir à la perfection du bonheur qui lui eſt deſtiné. Conformer fes actions aux regles du bonheur que la fageſſe de Dieu a tracées, c'eſt obéïr à Dieu.

Si l'homme obéïſſoit en tout au Créateur, fon état moral feroit parfaitement conforme aux deſſeins de Dieu, & par conféquent cet état feroit bon & agréable à Dieu, & deviendroit une fource de plaiſirs les plus purs & les plus folides. Un *fe-*

H 3

cours

cours surnaturel pourroit même augmenter les dons naturels, autant que le peuvent permettre la nature de l'homme & son rapport avec le reste du monde.

CLXXXIV. Dieu exige l'obéïssance, non pour y trouver un accroissement de bonheur, mais afin que l'homme y trouve le sien. L'*être souverainement parfait* peut-il recevoir par notre moïen *quelque surcroît de perfection?* C'est à dire, pour parler le langage des hommes, peut-il, avec le tems, voir augmenter le nombre & l'harmonie de ses attributs, de maniere qu'il acquére un nouveau sujet de plaisir & par conséquent de bonheur? Le *tout-puissant* (172) peut-il éprouver quelque changement par la puissance d'êtres foibles, qui n'ont de forces que celles qu'ils ont reçues de lui? Il est indépendant. Il se suffit à lui-même. C'étoit une grande folie dans les payens de croire que la Divinité fût susceptible d'*envier* le bonheur de l'humanité. La jalousie est une foiblesse. De quoi peut être jaloux celui qui peut tout, & de qui dépendent le bonheur & le malheur?

Le bonheur de Dieu considéré comme dépendant de lui seul, n'aïant besoin d'aucune cause extérieure pour être éternel, & n'étant susceptible ni d'accroissement ni de diminution, nous donne l'idée de *la souveraine Majesté.* Cette idée est tellement propre à la Divinité qu'elle ne peut convenir ni au monde entier ni à aucune de ses parties quelque parfaite qu'elle soit. Lors donc qu'on veut argumenter de la majesté humaine à la majesté divine, il ne faut pas pousser la com-

parai-

paraifon jufqu'à conclure que les moïens néceffaires pour rendre refpectable la majefté des princes, le font auffi pour la majefté divine.

CLXXXV. Si Dieu a voulu que l'homme trouvât dans *l'obéïffance* une fource de plaifirs vrais, & qu'il ne pût le les procurer que par ce moïen, (183) il eft évident que tous les préceptes divins font autant d'indications de la vraie route du bonheur. C'eft donc à jufte titre que le Sauveur difoit à fes Apôtres, que le *joug* qu'il leur impofoit *étoit doux & fon fardeau léger.* Il fuit encore de cette propofition que l'application de l'homme à s'aimer *lui-même* & *fes femblables comme lui-même,* d'une maniere conforme à la volonté de Dieu, eft le vrai culte qui plaît à la divinité (173). La remarque de Caton dans Ciceron eft bien jufte : *Que le laboureur n'héfite point de répondre à cette queftion: Pourquoi femez vous? Je féme pour les Dieux, qui en voulant que je reçuffe les biens de mes ancêtres, ont voulu auffi que je les transmîffe à ma poftérité.*

CLXXXVI. Une fi grande bonté de la part de Dieu, qui trouve fon bonheur en lui-même, eft bien capable d'infpirer à l'homme la plus grande *confiance* & *l'amour* le plus vif. Jamais notre obéïffance au Créateur ne peut être *aveugle.* Car elle peut & doit être appuyée fur une ferme perfuafion qu'il n'ordonne que le bien, & ne défend que le mal, & que foit qu'il nous accorde ce que nous lui demandons, foit qu'il nous le refufe, c'eft toujours un pere bienfaifant & plein de tendreffe, qui prend foin de fes enfans (180).

C'eft cette confiance qui anime l'homme & l'engage

H 4

gage

gage à adreffer à Dieu fes prieres, qui ne font autre chofe que le defir *de recevoir les bienfaits du Créateur, joint à l'efpérance de les obtenir de fa fageffe & de fa bonté.*

C'eft pour notre intérêt, & non pour celui de Dieu, qu'il nous eft ordonné de le prier de cœur & de bouche (193).

CLXXXVII. La perfection de l'amour de Dieu confifte *dans l'application à trouver fon plaifir dans la connoiffance de la nature divine & à tâcher de lui plaire.* L'homme n'eft pas fufceptible d'un autre *amour pur..* Plus il aime Dieu, plus il s'aime lui-même (96).

CLXXXVIII. Si *Dieu eft infiniment fage & bon, il eft infiniment vrai & jufte.* La véridicité confifte à avoir attention de ne pas induire les autres dans une erreur dangereufe, en leur manifeftant nos intentions, lorfqu'ils ont intérêt de les connoître. Celui là feul qui eft infiniment fage & à qui rien n'eft caché dans l'avenir, peut favoir ce que l'homme doit connoître ou ignorer. Quant à ce qu'il nous eft néceffaire de favoir, il eft de la fouveraine bonté de nous le faire connoître d'une maniere claire & telle que l'exige la mefure de notre intelligence qui eft bornée. Par conféquent dès que les regles du bonheur font divines, il eft clair qu'elles font certaines & évidentes (28).

CLXXXIX. *La juftice de Dieu,* eft cette perfection qui employe les moïens les plus propres à maintenir les regles qu'il a établies pour le bonheur des êtres intelligens, & à empêcher que

cet

cet ordre fage ne foit troublé. Mais ces moïens ne peuvent pas être contraires à fa fageffe & à fa bonté infinies, parceque les attributs divins ne peuvent jamais être oppofés entre eux.

Nous ne devons point *accufer* la juftice divine de ce qu'elle punit les actions contraires à l'ordre établi, par la privation ou le refus des biens. Si cette privation eft néceffaire pour maintenir l'ordre & le fyftème du monde, *la bonté divine fouverainement fage, doit elle déranger cet ordre?*

Il eft raifonnable de craindre *la juftice de Dieu,* c'eft à dire d'avoir de l'averfion pour un *état* que nous prévoïons qui fera privé des biens & expofé aux maux, parcequ'il déplait à Dieu. Cette *crainte* n'eft pas oppofée à l'amour de Dieu, elle en eft une fuite & un effet. Il eft naturel de craindre de déplaire à quelqu'un qu'on refpecte, qu'on chérit, & de qui on a reçu de grands bienfaits.

La fageffe & la bonté de Dieu réprouvent la crainte fans amour; & une telle crainte enfante la *fuperftition,* qui eft oppofée au bien, qui eft la fource de l'erreur, du fanatisme, de la cruauté, lesquelles ne peuvent qu'opérer la deftruction de la fociété (172).

CXC. Ce développement fuffit pour nous faire connoître ce que c'eft que la Religion, & combien elle eft liée avec notre bonheur. La religion confidérée dans l'homme, eft *la connoiffance de Dieu jointe au defir de le connoître davantage, & de vivre d'une maniere qui s'accorde avec cette connoiffance.* Cette définition n'eft pas différente au fonds de celle qu'en donnent quelques perfonnes qui la définiffent *la gloire de Dieu manifeftée.* Car la gloire de Dieu indique ou un *rapport entre les at-*

H 5

tri-

tributs divins, & la connoiſſance qu'en ont les êtres intelligens; ou dans ces êtres, une *plus grande connoiſſance des attributs divins. Manifeſter la gloire de Dieu,* ou autrement *glorifier Dieu,* c'eſt à dire, *agir conformément à cette gloire,* c'eſt *tirer de la connoiſſance de Dieu & ſurtout de ſa volonté un motif prépondérant pour nous déterminer à faire ce qui convient à notre nature:* par exemple, ſi quelqu'un donne l'aumône à un pauvre *en vue de Dieu,* c. a. d. parcequ'il penſe dans ce moment, que Dieu veut que nous ſoulagions les indigens. Faire ſes efforts pour connoître de plus en plus la nature divine, adorer Dieu, (172) l'aimer (187), lui obéïr (183), mettre en lui ſa confiance (186), l'honorer par un culte mêlé de crainte & d'amour, & s'étudier à lui plaire, (289); voilà les principaux actes de religion, qui ſont autant de ſources fécondes de plaiſirs vrais, purs, & ſolides (185).

CXCI. La Religion (190) intérieure conſiſte dans les actes de l'ame. Ou elle eſt *naturelle* c. a. d. fondée ſur ce que la raiſon découvre par la contemplation de la nature; ou elle eſt *révelée;* celle-cy qui eſt la confirmation & la perfection de la religion naturelle, Dieu l'a fait connoître aux hommes par des moyens ſurnaturels (182).

La religion *extérieure* ne peut être diſtinguée de l'*intérieure* que par abſtraction. On entend par cette religion ou un corps de doctrine, adopté comme vrai, *ſur la nature & la volonté de Dieu & ſur la maniere de s'y conformer:* ou *l'aſſemblage des actes extérieurs qui ſervent à manifeſter la religion intérieure.*

Tout acte extérieur *fait dans le deſſein de ſui-*
vre

vre *l'intention de la Providence ou de se conformer à sa volonté*, est un acte de *piété*, & fait
partie de la religion extérieure. Ainsi, en suivant la définition que nous en avons donnée, on
ne peut regarder comme un acte extérieur de religion, celui qui est opposé à son esprit ou à la
religion intérieure. Et l'esprit de religion pro-
scrit tout acte qui ne s'accorde pas avec les regles
de la félicité.

Dieu n'agrée pas tout *zele* pour sa gloire (190),
il n'y a que celui qui y tend réellement qui lui
plaise. Le vrai zèle abhorre toute espece de méchanceté, il est porté à la douceur, il tolére, à
l'exemple de Dieu même, ceux qui sont dans l'erreur, & il n'employe d'autre force que celle
des raisonnemens pour instruire & pour gagner
la confiance de ceux qui se trompent ou par erreur ou par ignorance. La vraïe religion doit
unir les hommes au lieu de les diviser.

CXCII. Parmi les actions qui ont pour motif
principal la religion, il y en a qui n'ont d'autre
but que de remplir l'ame de plus en plus de la
connoissance de Dieu par la méditation de ses divines perfections, (172) & d'enflammer sa piété
& son amour par la pensée de ses bienfaits (187).
Tout ce que l'homme fait uniquement pour connoître Dieu de plus en plus, & exciter en lui-
même la pensée vive de son rapport avec la Divinité, s'appelle *culte divin*.

CXCIII. L'union de l'ame avec le corps est
telle que non seulement l'ame a besoin du corps
pour manifester aux autres ses pensées, mais encore que sans lui, très souvent - elle ne pourroit

pas

pas donnér à fes penfées la clarté, la confiftance & en quelque forte la vie.   C'eft la raifon pour laquelle *le culte extérieur eft néceffaire à l'homme.*

Ce culte ne fignifie rien s'il n'eft la marque du culte *intérieur* ;   car un terme auffi refpeétable ne peut pas être employé pour exprimer un culte qui n'a d'autre objet que l'*oftentation*, un culte *hypocrite*, vain, fuperficiel, fans aucun fentiment de piété, & qui n'eft que grimace ou le mouvement d'un *automate.*

Il n'y a aucune partie du culte *intérieur* & *extérieur* qui ne contribue à l'accroiffement des plaifirs vrais, ce qui montre combien la religion eft aimable à tous égards.   On s'écarte du deffein de Dieu, fi en l'enfeignant on ne fait que la faire haïr.

———

S E C T I O N   VII.

De la Vertu.

CXCIV. Il y a une diftance infinie entre le bonheur deftiné à l'homme & celui dont Dieu n'a point ceffé de jouïr & dont il jouïra éternellement.   La félicité de l'Etre fuprême eft fans aucun mêlange ; toujours la même elle n'eft fufceptible ni d'augmentation ni de diminution, ni de *fucceffion.*   Elle eft *l'effet néceffaire de la connoiffance très parfaite qu'il a de l'accord parfait de fes decrets avec fes attributs.* La félicité de l'homme eft bornée, parceque fa nature l'eft ; & les limites qui la circonfcrivent doivent répondre
au

au deſſein du Créateur dans la conſtruction de l'Univers. C'eſt dans ces deux cauſes que nous trouvons la raiſon pour laquelle il ne parvient pas tout d'un coup au terme du bonheur qui lui eſt aſſigné, mais que ce bonheur ſuſceptible d'augmentation & de diminution doit croître par dégrés & ſuivant l'ordre que la Providence a établi. Une partie de cette félicité dépend des *cauſes naturelles* [c'eſt à dire de *la conſtitution intérieure de l'homme & de ſa liaiſon avec les autres créatures*] (183): l'autre partie, outre les dons que la Providence diſpenſe à chacun, dépend de la conformité de nos actions libres avec les regles que nous avons tracées *ſect.* 3. 4. 5. & 6. C'eſt de cette *derniere partie* dont nous allons nous occuper.

CXCV. Pour être véritablement & conſtamment heureux, il ne ſuffit pas que la vie ſoit entremêlée d'actions bonnes & mauvaiſes; ces viciſſitudes de bien & de mal ſont contraires à l'harmonie conſtante qui doit regner entre nos actions & nos devoirs, & ſans laquelle on ne peut être heureux. Moins le cours de la vie offre de ſujets de repentir, plus elle eſt agréable & ſemée de plaiſirs. Ainſi une vie toujours conforme aux regles, perſévéramment appliquée à faire le bien, eſt ſans contredit la plus agréable, puisqu'elle ne laiſſe aucun ſujet de repentir. Comme on ne dit pas d'un homme, qu'il jouït de toute ſa raiſon, lorsqu'il n'a que quelques intervalles lucides; pareillement on ne peut pas dire qu'un homme eſt heureux, lorsqu'il n'eſt bon que par intervalles & dans quelques occaſions. La plus légere oppoſition entre le devoir & la conduite produit de mauvais effets, car elle nous prive de certains

biens,

biens, & nous occasionne au moins *des regrets*, ce qui ne peut être qu'au préjudice de notre bonheur.

CXCVI. L'ame ne peut parvenir à cette harmonie constante qu'autant 1°. que ses *déterminations* seront toujours *conformes aux regles* que Dieu a préscrites (29): 2°. que les motifs de sa détermination (7) seront nobles & relevés; 3°. que ceux-cy auront de force & d'efficacité pour porter l'ame à choisir ce qui convient a sa nature.

CXCVIII. On a vu plus haut quelles sont les regles de nos actions; il nous reste actuellement à examiner quels en sont les motifs *les plus nobles*, & la maniere de les rendre plus propres à agir promptement sur l'ame.

Tout motif qui fait pencher la volonté a sa source dans le pressentiment ou la vue claire que telle action ou telle omission sera suivie de tels ou tels effets. Ces effets, comme nous l'avons vu, (39) sont ou nécessaires, c. a. d. inséparables de l'action (161), ou accidentels, c. a. d. *qu'ils dépendent de causes naturelles étrangeres à celui qui agit, contingentes, muables,* & sur tout des jugemens & des actions des autres, tels que *la louange, les honneurs, les richesses* &c. Les effets nécessaires comprennent deux especes de plaisirs. Les uns sont produits en nous par la connoissance du rapport de l'action avec notre nature (41): les autres naissent de la connoissance de sa conformité avec l'intention & la volonté du Créateur (177).

Les motifs qui se tirent des effets accidentels ne sont point répréhensibles, car étant une suite de l'union étroite qui est entre les hommes &
en-

entre ceux-cy & les autres créatures, ils font légitimes & bons par conféquent.

Les biens périffables & dont l'acquifition ne dépend pas de nous, mais de la fortune, peuvent être defirés fans crime, parcequ'ils peuvent contribuer à notre bonheur (63). Mais ces motifs n'ont pas autant de force *pour établir & accroître notre bonheur*, que ceux qui fe tirent des effets néceffaires lesquels produifent ces deux fortes de plaifirs que nous avons indiqués. Car en tout tems, en tout lieu, l'impreffion de ceux-cy eft toujours telle qu'elle peut faire entrer dans la route du bonheur; & c'eft pour cette raifon qu'on les regarde comme *les meilleurs & les plus nobles.* Au contraire dès que l'ame n'entrevoit qu'une foible efpérance de jouïr des biens fragiles & périffables qui font l'unique objet de fes defirs, fon activité s'éteint, elle languit fans force & fans courage (128). Il faut donc travailler à fe pénétrer tellement des motifs *les plus nobles* que les autres ne *dominent pas*, ou n'influent pas uniquement fur la détermination.

CXCVIII. Il fert peu de connoître & d'approuver les grandes maximes c. a. d. celles qui attachent un mérite réel aux actions conformes à la nature, quoique ces actions ne foient point récompenfées ni fuivies des honneurs qu'elles méritent. Il faut faire fructifier ces femences de vertu, de maniere qu'on puiffe dire avec Ajax: *Montrons nous par nos actions.* Le moïen d'y réuffir eft d'acquérir la facilité foit *de bien juger*, c. a. d. de diftinguer les caufes des plaifirs vrais de celles qui n'en ont que l'apparence, foit après les
                                                                 avoir

avoir connus, de choifir fans peine *ce qui eft bon & agréable à Dieu.*

CXCIX. La *Vertu* eft *cette force de l'ame qui confifte à diftinguer aifément le bien du mal, & à être dans la ferme réfolution de faire le bien, parcequ'il eft conforme à la nature de l'homme & à la volonté de Dieu.*

De là nous tirons les conclufions fuivantes: 1°. La vertu ne confifte pas à fe conformer *aux regles arbitraires par lesquelles chaque peuple ou grande fociété attache à certaines actions le mépris ou la gloire.*   Cette idée de la vertu eft fort commune, mais fort dangereufe.   Car la différence du bien & du mal eft fondée fur la nature qui eft immuable (29), & non fur les opinions incertaines & changeantes des hommes, ni fur l'apparence de quelque utilité paffagere (44), ni fur des loix imaginées par l'ambition, qui ne pouvant emploïer la force y fupplée par la rufe.

2°. *La vertu* eft une, & néanmoins elle eft fufceptible de dégrés; car les uns ont plus de facilité que d'autres pour connoître le bien & s'y attacher, & plus de fermeté dans la réfolution de ne vouloir que le bien. On peut auffi avoir donné plus ou moins de preuves que les attraits du vice ne font pas capables de détourner de la voïe droite.

Si donc on compte plufieurs vertus, comme *les vertus cardinales* &c., cela ne fignifie autre chofe, fi non que la vertu produit différens effets & nous porte à des actions libres de différentes efpéces; dont nous avons donné l'analyfe dans les chap. précédens; mais c'eft toujours la même vertu.   3°.

3°. Ariftote définit *la vertu; la médiocrité*: laquelle confifte à éviter le trop & le trop peu. Mais il eft évident que cette définition eft trop vague & développe peu la nature de la vertu.

CC. 4°. Nous n'approuvons pas qu'on exclue de l'idée de la vertu *le defir de trouver dans fes bonnes actions la joïe d'une bonne confcience.* C'eft la nature qui nous infpire le defir d'un tel plaifir. La morale doit être conforme à la nature & ne pas nous faire des devoirs qui la détruifent.

5°. Il y a certaines actions qui tiennent comme le milieu entre la vertu & le vice, & dont on ne peut pas dire qu'elles rendent l'homme ou *vertueux* ou *vicieux*; car nous entendons par *vertueux* celui qui fe conduit par les motifs les plus parfaits (19), & par *vicieux* celui qui eft toujours porté à contredire la nature.

CCI. Quels font les avantages de la vertu? Nous parlons de la vertu qui fans méprifer ni rechercher uniquement les récompenfes paffageres, mais contente de celle qu'elle trouve en elle même, toujours active & toujours uniforme, met l'ame dans un état où elle n'a jamais lieu de fe repentir. Brutus a t-il pu dire avec raifon: *Jufqu'à ce moment j'ai cru que la vertu étoit quelque chofe de reel, mais je vois bien que ce n'eft qu'un mot fans réalité?*

La raifon qui confulte la nature des chofes, & l'expérience qui nous apprend à connoître les caufes par les effets, s'accordent à nous convaincre que la vertu *eft belle* & inféparable du bonheur de l'homme. Nous pouvons dire avec Juvenal: *Il*

I

n'y

*n'y a certainement qu'un moïen pour vivre tranquille,
c'est d'être vertueux.*

CCII. La *vertu est belle*; car de l'harmonie &
du concert formé par les différentes actions de la
vie résulte un tout régulier que l'ame peut confidérer plus ou moins long-tems, sans fatigue,
d'une maniere claire & agréable; & toutes les
fois qu'elle voudra le confidérer, elle y apperce-
vra quelque chofe de nouveau qui fera infailliblement fuivi de plaifir. Tel eft le caractere du
beau. On appelle *beau moral,* celui de la vertu,
pour le diftinguer des autres efpèces *de beau.*

On aime à voir non feulement une vie toujours égale au milieu de la variété des affaires,
mais encore les motifs nobles qui font le principe de cette uniformité.

Qui eft ce qui ne voit pas avec plaifir le portrait *d'un homme de bien?* J'appelle *un homme de
bien,* celui qui eft plein de confiance en Dieu, qui
brûle du defir d'obliger, qui eft indulgent pour
les autres & fevère pour lui même, qui eft honnête homme fans aucun motif d'intérêt, dont la
conftance eft à l'épreuve de la crainte & de la
féduction, qui n'eft ni déshonoré par l'avidité,
ni tourmenté par le defir immodéré de la gloire,
des honneurs & de la domination; enfin qui, comme *l'or dans le creufet,* ne brille qu'avec plus d'éclat
après avoir été *éprouvé par le feu de l'adverfité,* &
qui fentant fa dignité & l'élevation de fon ame,
fe respecte lui-même. (47)

L'ame eft tellement difpofée que le portrait
de l'homme de bien tel que je viens de le peindre doit produire fur elle fon effet naturel, c.

a.

a. d. exciter en elle un fentiment de plaifir plus vif que ne le peuvent faire les *beautés phyfi-ques* (47).

Outre le fentiment d'amour qu'infpire la vertu, elle produit encore l'admiration & le refpect. Et il n'eft pas néceffaire pour cela de s'appefantir fur la grandeur & l'utilité de fes effets. La premiere vue nous découvre dans la vertu une fupériorité qui affecte agréablement l'ame, & qui avant tout raifonnement lui imprime de la vénération & du refpect.

Camille eft banni de Rome, après lui avoir rendu de grands fervices; il apprend le malheur qui menace fa patrie, il oublie auffitôt fon état de profcription pour ne s'occuper que du danger commun. Son courage ne connoit point de périls, jusqu'à ce qu'il ait la fatisfaction de la délivrer. Que la penfée d'une telle action eft agréable pour celui qui la fait! Qu'elle imprime de respect à ceux qui la lifent.

Rien ne prouve mieux combien la vertu force au refpect, que le chagrin des *ennemis* de l'homme de bien, qui ne peuvent pas s'empêcher d'être auffi fenfibles à la beauté des bonnes actions, que le font les autres témoins équitables. Se fentant preffés par une force fecrette à refpecter celui qu'ils haïffent, ils ne peuvent foutenir long-tems les combats d'un cœur agité. Ou ils ceffent de le haïr, ou s'ils ne peuvent vaincre leur haine, ils cherchent à fe faire illufion fur le mérite de leur ennemi, pour fe fouftraire à la néceffité de le respecter. Ils attribuent à mauvaife intention ou à des motifs bas les actions les plus innocentes, dont ils difent que le faux éclat en impofe. Ils appellent fa vertu, *une vertu de théâtre,* efpèrant par

cet

cet indigne moïen le rendre d'autant plus mépri-
fable que l'éclat de fa vertu fera *trompeur & il-
lufoire.*

CCIII. *La vertu n'eſt jamais malheureuſe.* L'homme véritablement vertueux, qui eſt avec plénitude de cœur & fermement attaché à l'honneur &
qui par conféquent eſt plus en état de réſiſter à
l'attrait du vice, en quelque état qu'il fe trouve,
qu'il agiſſe ou qu'il n'agiſſe pas, n'a aucun fujet
de rougir de lui-même.

Je fais qu'on m'objectera qu'ordinairement les
bons font dans l'affliction, & les méchans dans la
profpérité; mais, ou on prononce des mots vuides de fens, ou on ne fait pas réflexion qu'on
peut être heureux au milieu des douleurs (21.
89). Si la fortune s'obſtine à traverſer les
deſſeins de l'homme de bien, fans doute il eſt
dans l'affliction, mais cette affliction eſt fans inquiétude. On peut compenfer le vuide que nous
caufe l'adverſité ou la privation des *biens extérieurs* par le fouvenir des plaiſirs paſſés, par la
paix & la tranquillité que procure l'efpérance d'un
avenir heureux, & furtout par le fentiment agréable de cette *force d'ame* qui fait le caractere de
l'homme vertueux.

CCIV. Si *la vertu eſt belle* (202), ſi elle eſt
heureuſe (203), il eſt juſte de chercher dans la
raifon & l'expérience des moïens d'être vertueux.
La notion de vertu renferme trois chofes (199),
1°. juger fainement du bien & du mal; 2°. être
conduit par des motifs nobles. 3°. favoir fe décider promptement par ces motifs pour choiſir &
faire ce qui convient à la nature.

Nous

Nous avons indiqué plus haut les caracteres des jugemens sains ou défectueux sur le bien & le mal. Nous avons aussi exposé les causes de cette espece de langueur qui suit une connoissance vraïe & distincte du bien (78). Ainsi il faut actuellement examiner comment on peut acquérir une facilité permanente *de juger* sainement du bien & du mal, & de *s'attacher fermement* au bien connu.

CCV. Toute facilité, soit corporelle, soit spirituelle, s'acquére *par l'exercice.* Ce que l'on fait rarement, on a de la peine à l'entreprendre, & ce n'est qu'avec difficulté qu'on en vient à bout. Il faut donc de l'exercice pour acquérir la facilité *de connoître le bien,* & celle de *le desirer & de le faire.*

Quant à la premiere on ne peut acquérir la facilité de distinguer le vrai bien du faux qu'en écartant ou réformant ce qui peut corrompre le jugement. Or une des principales choses qui corrompent le jugement, c'est *l'éducation particuliere ou publique.* Nous avons vu (35) que les préjugés de *famille* ou *de nation,* ceux qui sont propres aux instituteurs & à ceux qui sont chargés des premieres années d'éducation, ont coutume de substituer à la connoissance du bien que la nature nous donne par le moïen du sens moral, de fausses maximes de conduite, auxquelles les jeunes gens s'attachent comme à des regles certaines & indubitables. C'est ainsi que la superstition se glisse dans leurs ames flexibles, & que sans examiner ils conçoivent de l'aversion pour toute cérémonie religieuse qui n'est pas conforme à leur culte; c'est de la même maniere que

s'ins'introduit cette coutume de fe mocquer de la religion, pour avoir la réputation d'efprit fupérieur, c. a. d. *de méprifer la Divinité, pour avoir la réputation d'être fage.* Delà naiffent encore les haines nationales, l'orgueil d'une nation, le mépris de tout genre de vie qui n'eft pas adopté dans la fociété ou on fe trouve &c.

Nous n'adoptons pas le fentiment de ceux qui penfent que tous les hommes ont une égale aptitude à l'efprit, & que la feule différence d'éducation produit celle des efprits. Chaque homme a en naiffant un efprit & un caractere qui lui font propres & qui différent de ceux des autres (79). Mais *l'éducation* fondée fur la *curiofité* & le *defir d'imiter naturel* aux enfans (35) a la force de contrebalancer les penchans, de les dompter en les oppofant les uns aux autres, & foit par les préceptes & les exemples, foit par l'habitude, de faire qu'un penchant devienne dominant. L'habitude furtout tient lieu de raifon aux enfans, & lorfque le tems de raifonner eft venu, fouvent elle continue d'exercer fon empire & de faire taire la raifon. Comme il eft difficile d'empêcher dans le corps un mouvement qui, volontaire dans le commencement, eft devenu enfuite machinal, il en eft de même des erreurs & des paffions que l'ame a contractés dans le tems qu'elle commence à difcerner les regles du bien & du mal; elles deviennent une feconde nature, & ce n'eft qu'avec la plus grande peine qu'on peut les extirper.

CCVI. Si *l'éducation* a beaucoup d'influence pour corrompre l'efprit, elle n'en a pas moins pour le former & lui donner la facilité de juger fainement du bien. Ceux qui font chargés de cet

em-

emploi important doivent veiller à former *le corps* comme *l'esprit.*

La difpofition du *corps* favorife beaucoup celle de l'ame à recevoir ou à écarter plus aifément les préjugés. P. ex. une *éducation molle* non feulement empêche le corps d'acquérir de la vigueur, mais encore accoutume l'ame à rejetter toute regle de conduite qui exige de la peine, du travail, de la fermeté dans les fouffrances. S'agit-il d'entreprifes qui demandent de la hardieffe & de la vigueur pour les former, de la conftance pour fupporter les contretems, de la force pour méprifer le danger, l'ame, qui n'a reçu qu'une éducation molle, fentant que les forces du corps s'y refufent, ne fe déterminera jamais ou au moins que difficilement & avec lenteur à entreprendre ce que les circonftances rendent néceffaire.

C'eft pour cette raifon qu'une *éducation mâle* doit préparer aux exercices *militaires.* Minos & Lycurgue voulant former des citoïens capables d'affronter toutes fortes de dangers pour la patrie, ont commencé par recommander les exercices du corps. Hommes & femmes, tous étoient obligés au travail. Les hommes furtout s'exerçoient *à la chaffe & à la courfe, s'accoutumoient à fouffrir la faim, la foif, le froid & le chaud.* Les Lacédémoniens portoient même les chofes à l'excès; car au rapport de Ciceron, *ils conduifoient leurs enfans auprès d'un autel, où ils les frappoient jusqu'à faire couler beaucoup de fang, & quelques fois jusqu'à les faire mourir, fans cependant qu'on entendît aucun cri ni gémiffement.*

CCVII. Pour aider les enfans à acquérir la facilité de diftinguer promptement le bien du mal,

il

il faut les empêcher de contracter l'habitude de juger de ce qui est bien ou mal par l'opinion de leurs égaux, par le *profit* qui leur en revient, ou par la grandeur des récompenses qu'ils ont coutume de recevoir ; il faut au contraire les accoutumer à en juger par ce qui en soi - même est bien ou mal.

On doit leur faire éviter les *mauvaises compagnies*, les encourager à être vertueux & à n'en pas rougir. Il faut entretenir, animer, diriger leur *curiosité* & leur *activité*.

CCVIII. On réussira à diriger cette curiosité ou cette inclination à observer, si on veut profiter des *circonstances* pour leur faire remarquer comme en jouant, quelles sont les suites de leurs actions & de celles des autres, qu'il *y a un ordre immuable dans la nature & des regles de conduite qu'elle dicte à tous les hommes.* On évitera surtout les erreurs qui se glissent aisément dans les observations, ou dans les conclusions qu'on en dire. Ces regles deviendront de plus en plus familieres aux jeunes gens, parceque ce ne sera plus sur le rapport d'autrui, mais sur leur propre sentiment, & par l'usage de leur raison qu'ils seront convaincus de leur vérité.

Il est dangereux de charger la mémoire de préceptes mal expliqués ou peu compris, & de fatiguer de jeunes esprits peu susceptibles d'une longue attention par des raisonnemens profonds énoncés d'un ton sérieux. La foiblesse de cet âge lui inspire de l'aversion & du dégout pour tout ce qui est difficile à entendre. Ceux qui emploient continuellement la terreur des peines pour conduire les jeunes gens, n'en retirent d'autre avantage

tage que de leur rendre les avis infupportables, & de leur faire regarder toute regle comme un fardeau pefant dont ils fe déchargeront auffitôt qu'ils le pourront.

CCIX Quand on eft parvenu à l'âge de la réflexion & que la raifon eft plus devéioppée, on doit travailler, par un *exercice continuel*, à acquérir de plus en plus la facilité de juger fainement des chofes. C'eft pourquoi il faut 1°. commencer par foumettre à un nouvel examen toutes les opinions qu'on a reçues dans fon enfance, & qu'on a, pour ainfi dire, fuccées avec le lait (17).

2°. Il faut fe rappeller toutes les actions qu'on a faites dans la journée, [ce confeil donné par les Stoïciens eft puifé dans Pythagore], & furtout les principales époques de fa vie. Cette pratique fervira à corriger les erreurs dans lefquelles on fera tombé, & fi on ne s'eft pas trompé, à avoir plus de facilité dans la fuite d'éviter l'erreur, lorfque les occafions & les circonftances feront les mêmes.

3°. Il n'eft perfonne qui ne juge dignes d'attention les jugemens qu'on porte fur *fes actions & fur celles d'autrui*; & cela eft raifonnable. Soit que ces jugemens foient juftes, foit qu'ils foient déraifonnables, on en retirera toujours l'avantage de ne pas trop fe fier à foi-même, lorfqu'il s'agit de prendre une réfolution.

4°. Il eft avantageux de lire & d'entendre fouvent parler de queftions de morale, & même de lire *le pour* & *le contre*.

5°. Rien n'eft plus utile que les avis d'un véritable ami ; mais c'eft un avantage très rare que d'en trouver un tel.

6°. Quand on veut fincérement fe corriger, on profite même de la mauvaife difpofition de fes ennemis, qui, aveugles ordinairement fur leurs propres défauts, ont des yeux de lynx pour ceux de leurs ennemis.

CCX. Paffons à préfent à la feconde partie de la vertu qui confifte dans une difpofition & une facilité habituelle de faire le bien qu'on connoît (205). Elle eft liée étroitement avec la premiere. Pour acquérir cette facilité, il faut travailler à écarter ou à détruire, autant qu'on le peut, toutes les caufes capables d'affoiblir l'ame, ou de l'empêcher de *pratiquer* les devoirs qu'elle a eu *l'avantage de connoître* (77).

Ceux qui font chargés de l'éducation du premier âge doivent veiller à ce que les enfans ne contractent aucun penchant dominant. C'eft pourquoi ils leur *réfuferont* beaucoup de chofes dans la crainte qu'en fuivant toujours leur goût ils ne vinffent à contracter une habitude dont ils ne pourroient fe délivrer.

Comme les enfans *aiment à imiter*, il eft bon de leur préfenter de bons exemples & de les accoutumer ainfi à fe donner réciproquement des marques de bienveillance.

Il faut auffi leur apprendre à faire attention à ce que leur fuggère *le fens moral*, & à perfectionner en eux ce fens dont la fineffe peut s'accroître par nos foins. Un maître fage & prudent doit être, pour ainfi dire, la raifon des enfans & diriger les inftincts de la nature, comme la raifon elle même le fait, lorfqu'elle eft perfectionnée par l'âge & l'expérience.

CCXI.

CCXI. Lorsque l'enfance a fait place à l'âge de la réflexion, il eſt néceſſaire, pour acquérir la facilité de *faire de bonnes actions*, de s'étudier ſoi-même, ſon caractere (79,) ſes penchans dominans, ſi on en a, parcequ'ils ont la principale influence ſur les actions (80).

Il n'y a qu'un *long & fréquent exercice* qui puiſſe domter un penchant dominant, c. a. d. ſurmonter la peine qu'on reſſent à faire quelque action contraire à ce penchant. Le raiſonnement ſeul n'eſt pas capable de produire cet effet (78). Il faut accoutumer l'ame à joindre à la connoiſſance diſtincte & raiſonnée de ſon devoir, la force de *l'inſtinct de la nature & de l'impreſſion des ſens*, de maniere que *voir* le bien & *ſe ſentir porté* à le faire ne ſoient, pour ainſi dire, qu'une même choſe.

Ainſi qu'on s'accoutume donc à *trouver* du plaiſir non ſeulement dans chaque action conforme à la nature & *la volonté de Dieu*, mais encore dans une conduite conſtamment bien *réglée.* Cette habitude de *réfléchir* ſur ſoi-même & ſur la nature des objets, & de *faire* de bonnes actions, donnera à l'ame la facilité de connoître ce qui eſt bon & de ſe porter avec promptitude à le faire, lorsqu'on le lui propoſera.

Si on s'applique à conſerver *aux motifs nobles* qui agiſſent ſur l'ame (197) *toute leur force*, il ne ſera pas difficile de vaincre les obſtacles qu'oppoſera le penchant qui porte quelques fois à faire le mal, quoiqu'on connoiſſe le bien qu'on doit faire.

C'eſt par la force plus ou moins grande de l'influence de ces motifs nobles ſur l'ame, qu'on peut juger de ſes progrès dans la vertu. Ce principe fait ſentir la juſteſſe de la réponſe de Xénophou, qui étant

interrogé : *pourquoi un Général supportoit si facile-*
ment des travaux si pénibles pour le soldat ; répondit, *c'est que l'honneur soutient le Général.*

CCXII. Les Anciens ont encore recommandé
d'autres exercices, mais ils ne font pas fort utiles pour faire des progrès dans la vertu ; ainfi nous n'en ferons pas mention.

La Révélation qui fait connoître les replis de
l'ame, qui réveille fes remords, & indique des
moïens de guérir fes plaïes, loin de détruire les
moïens d'acquérir la vertu, que nous avons indiqués, les appuïe & les étaïe par des motifs plus
nobles & plus efficaces (182).

II^{de} PARTIE.

DANS LAQUELLE APRES AVOIR DONNE LA NOTION DES LOIX NATU-RELLES, ON EXPLIQUE LA MA-NIERE DE LES APPLIQUER AUX ACTIONS.

SECTION I.

Définition, origine, perfection & division des loix naturelles.

CCXIII. Telle eſt la nature de l'eſprit humain, qu'il s'éleve des idées ſingulieres à celles qui ſont générales, & de celles-cy par dégrés à une connoiſſance diſtincte de l'enchaînement des vérités entre elles. L'ordre de la nature eſt que la connoiſſance des regles qui apprennent à marcher dans le chemin du bonheur, & la jouïſſance du bonheur qui naît du deſir de ſuivre ces regles, croiſſent par dégré & avec l'age. Nous ne pouvions pas ſuivre un meilleur guide, c'eſt pourquoi nous avons obſervé cet ordre en traçant la route du bonheur. Nous eſpérons que la lumiere de ces principes en répandra beaucoup ſur l'enſemble des concluſions qui nous reſtent à démontrer, comme on dit, *à priori*, & qu'étant venu à bout de *faire comprendre* clairement cette matiere, il ſera plus aiſé d'expliquer

les

les *termes* que les philofophes ont adopté, pour s'exprimer d'une maniere plus précife.

CCXIV. Il n'y a qu'une voïe pour parvenir au bonheur, [jusqu'ici nous nous fommes occupés de la tracer]. Il n'eft point au pouvoir de l'homme de la changer; mais il eft libre de la fuivre ou de l'abandonner (22). Quelque parti qu'il prenne, les effets bons ou mauvais qui réfultent de fon choix font reglés par la Divinité, & font inféparables de ce choix; par conféquent ils font *néceffaires*. Cette *néceffité* qui lie des effets bons ou mauvais avec les actions libres, peut s'appeller *phyfique*.

On l'appelle *morale*, en tant que les *actions libres font confidérées comme caufes de ces effets*. Car l'homme eft entierement libre de faire ces actions ou de ne les pas faire, mais l'effet réfultant de l'action ou de l'omiffion eft *néceffaire*. D'où il paroît que cette néceffité n'eft point *abfolue*, mais *conditionelle*, dans ce fens que *fi on veut atteindre au but*, c'eft à dire *agir de maniere à parvenir au bonheur*, & éviter le chagrin *du repentir*, il faut prendre les moïens qui y conduifent, parcequ'il eft impoffible d'y arriver par une *direction oppofée*.

Une chofe eft *moralement* néceffaire, lorsque *l'oppofé ne peut produire un effet qui s'accorde avec notre bonheur*, ou lorsqu'entre deux moïens propofés il n'y en a qu'un qui foit compatible avec le bonheur. Le terme de *néceffité morale* exprime que cela ne regarde que les *êtres intelligens* & *leurs mœurs*, qu'elle ne détruit point la liberté, mais qu'elle eft diftinguée de la néceffité phyfique, laquelle exclut la liberté.

CCXV.

CCXV. On appelle *obligation* la néceſſité morale , lorsqu'elle peut être connue de l'agent. L'action libre conſidérée en tant que nous ſommes obligés de la faire ou de ne la pas faire, ſe me *devoir*. Le devoir eſt *vrai*, lorsque ſon effet néceſſaire eſt l'acquiſition d'un bien véritable; il eſt *faux*, s'il ne produit qu'un bien imaginaire.

L'idée d'*obligation* renferme trois choſes 1°. que l'homme qui eſt *obligé* peut choiſir entre deux états & préférer l'un à l'autre; 2°. qu'il y a une liaiſon entre l'action qui dépend du choix & le bonheur de l'agent; 3°. que celui-cy doit pouvoir appercevoir cette liaiſon & ſe déterminer par cette connoiſſance au ſeul parti convenable. De là ſuit 4°. que tout mouvement de l'ame qui eſt *moralement néceſſaire* eſt conforme à *la raiſon*, car on appelle *raiſonnable* tout ce que la raiſon nous montre comme *bon* & *vrai*. Il ſuit encore 5°. de cette définition que l'obligation eſt plus grande à raiſon des biens dont l'enſemble forme la *néceſſité morale*, & de la facilité plus ou moins grande de voir la liaiſon qui ſe trouve entre une action & les biens qui en ſont la ſuite.

CCXVI. Ce n'eſt pas un défaut dans cette définition de ne pas faire mention du *Législateur*, ou de celui qui a eu le droit de regler que tels effets bons ou mauvais réſulteroient de telle action, afin que la vüe de ce rapport fut un motif prépondérant pour déterminer à agir ou à ne pas agir. Nous n'examinons pas ici *comment* l'obligation exiſte, mais ſeulement *ſi elle exiſte*. Nous indiquons les caractères auxquels on peut diſtinguer *les cas ou il y a obligation*, de ceux ou il
n'y

n'y en a pas. Quelque foit la caufe du rapport des effets bons ou mauvais avec l'action, il fuffit qu'il y ait obligation, toutes les fois que ce rapport exifte & que celui qui agit peut l'appercevoir avant de fe déterminer. Voilà ce que nous apprend notre fens intime. Que chacun de nous fe rappelle une *action libre qu'il ait faite* ; s'il l'appercoit *contraire* à fon bonheur, *le repentir fuit néceffairement* (41). Ce repentir qui eft un reproche humiliant, dont nous nous puniffons nous mêmes, décéle en nous une *conviction intime d'obligation.*

Qu'on ne difé pas que l'*idée d'obligation* n'eft pas fans celle de *l'obéïffance*; car fi on examine les motifs qui déterminent l'ame à faire ce qui plaît au légiflateur ou à celui qui a le droit de commander, on verra que, foit que ces motifs aient pour principe la crainte ou l'amour, ils fe réduifent en *derniere analyfe* au defir d'être heureux qui eft *naturel* à tous les hommes. C'eft obéïr à Dieu, de fe conformer à ce defir qu'on peut appeller *un inftinct* (183).

CCXVI. Sitôt qu'il y a obligation, il y a des regles morales qui indiquent le rapport de l'action avec le bonheur (24); & fitôt qu'il y a des regles morales que les hommes peuvent connoître, il y a *obligation* (215). La totalité *des regles morales femblables* [c. a. d. qui regardent le même genre d'actions libres] eft appellée *loi morale.* Telles font celles qui fe trouvent dans le §. 158. Les loix morales qu'on peut déduire de la connoiffance de la nature humaine s'appellent *loix morales naturelles.*

C'eft pourquoi les raifonnemens fuivans font bons.

bons. Il eft certain ou [*à priori*] par la connoiffance de la nature humaine ou [*à pofteriori*] par l'expérience, que telle action contribue au bonheur de celui qui la fait, donc elle eft conforme à la loi naturelle; & réciproquement, dès qu'on affure qu'une action eft conforme à la loi naturelle, il faut prouver qu'elle a rapport au bonheur de l'homme, & que l'homme peut comprendre ce rapport.

Une action libre qui eft *toute entiere* conforme à la loi *naturelle* eft *bonne*, & celle qui lui eft oppofée, eft *mauvaife*. Je dis, *toute entiere*, c. a. d. confidérée foit par rapport *aux motifs qui déterminent la volonté*, foit par *rapport à la détermination* que produifent les motifs. Les actions confidérées comme exactement conformes aux regles morales font appellées *droites & bonnes*, lorfqu'on les confidère comme caufes de *plaifirs vrais.*

CCXVIII. *Les loix naturelles font divines.* Car chaque regle morale que la raifon déduit de la nature vient de Dieu (24). Donc la totalité de ces regles doit être auffi attribuée à la même caufe très fage. C'eft pourquoi Dieu eft notre *Législateur*, c. a. d. que c'eft lui, qui, par un décret digne de fa fageffe, a réglé que tel effet fuivroit telle action, felon qu'elle feroit conforme ou opofée aux loix naturelles, & qui nous a manifefté fa volonté (216).

Ces loix font différentes des confeils. Car Dieu ne nous a pas feulement montré les regles de conduite, comme un homme montre un chemin & ne le fait pas, mais encore il a fait la nature de l'homme de maniere que tels effets, qu'il lui a annoncés d'avance, fuivent néceffairement telles actions. Il nous *récompenfe* par les

K

bons

bons effets qu'il a voulu être inséparables des bonnes actions (217), & il nous punit par les mauvais effets qui font joints aux mauvaises.

Mais ou ces récompenses & ces peines font une fuite de l'ordre naturel des chofes, & nous font manifeftées par la raifon, alors on les appelle *naturelles* ; ou elles font l'effet d'une puiffance diftinguée de la nature, & l'homme les connoit par un moïen furnaturel, alors elles font *furnaturelles*.

La nature ne laiffe aucune action mauvaife impunie, comme elle n'en laiffe aucune bonne fans récompenfe.

CCXIX. La queftion par laquelle on demande, de quel *droit* Dieu a établi les loix naturelles? ou, quel eft le fondement du *pouvoir législatif* de *la Divinité*? revient à celles-cy : Par quel droit Dieu a t-il fait l'homme tel qu'il eft? Pourquoi au lieu de lui donner tout d'un coup la plénitude du bonheur, l'y conduit-il par dégrés, fans lui épargner ni les douleurs ni les caufes de repentir?

Cette queftion : *De quel droit &c.* ? ne convient à proprement parler qu'entre des hommes qui font tous égaux. La *majeflé Divine* exige (184) que nous demandions plutôt ce que Dieu fe doit à lui même que ce qu'il nous doit. Dieu ne pouvoit rien donner aux hommes qui fût contraire à fes divines perfections ; ce qu'il a pu faire fans bleffer fes attributs, il l'a fait pour l'homme. Car dans une fi grande variété d'êtres intelligens, il a, felon *fa fouveraine fageffe*, départi à chacun, & aux hommes par conféquent, *un dégré de bonheur* déterminé. Il a vu les conditions auxquelles il pouvoit leur accorder le bonheur, & il les a fait entrer dans fon plan.　　　　La

La réunion de toutes ces conditions forme la *loi de la nature.* Il a donc pu l'établir comme étant *un effet de la sagesse & de la bonté souveraines.* Cette loi ne fait *aucun mal* aux hommes. Si Dieu leur ordonne de s'y conformer, ce n'est pas pour sa propre utilité; [car étant souverainement heureux par lui même, comment les créatures pourroient-elles augmenter son bonheur?] mais c'est pour l'utilité même des hommes qu'il a voulu par un effet de son *infinie bonté*, que l'homme trouvât le bonheur dans *l'obéïssance* (178: 181.)

On ne pourroit dire que Dieu *n'a pu établir ces loix*, que parcequ'on suppoferoit qu'elles détruifent la liberté de l'homme, foit celle qui eft une fuite de fa nature, foit celle qu'il acquiért avec le tems. Or cette double liberté demeure fans atteinte. Ainfi, même en confidérant la chofe relativement à la liberté, Dieu, pour parler humainement, a pu établir les loix naturelles.

En effet fuppofons que la loi naturelle détruife la liberté de l'homme, en s'oppofant à des paffions effrenées. Alors il faudra admettre que chaque homme avoit le droit de demander à Dieu qu'il formât le plan de l'Univers, non felon fa fageffe, mais felon la fantaifie de l'homme, ou qu'il donnât à l'homme une autre nature. Où font les tîtres de ce droit? Où font ceux qui obligent la Divinité de fe conformer aux volontés de l'homme lequel ignore ce qui convient à la fouveraine Bonté? Et quel avantage en réfulteroit-il? Seroit-ce de donner à l'homme la funefte facilité de fe rendre plus miférable, en lui enlevant les moïens de connoître le bien qui lui eft déftiné, & de faire taire la voix falutaire qui le détourne

K 2   du

du mal.   O heureuſe impuiſſance de l'homme, de ne pas trouver le bonheur dans une vie de caprice, mais dans la conformité à la regle & à ſon devoir ! *La vraïe liberté eſt d'obéïr à Dieu.*

C'eſt méconnoître la nature de Dieu, l'idée de l'obligation (215) & celle des loix naturelles, (217) que de fonder le pouvoir légiſlatif de la Divinité ſur une *puiſſance ſouveraine à laquelle on ne peut réſiſter.*

CCXX. Les loix naturelles étant *Divines* (218), il ſuit qu'elles ſont 1°. *éternelles*, 2°. *immuables*, parceque dans les décrets divins on ne peut imaginer ni *ſucceſſion* ni *changement*; 3°. *bonnes*, puiſque Dieu ne peut rien vouloir qui ne ſoit conforme à ſa ſouveraine bonté (178); 4°. *proportionnées à la nature de l'homme & conformes aux attributs de Dieu*, parceque Dieu dans ſes décrets & dans ſes œuvres ne peut être en contradiction avec lui-même (174).

CCXXI. *L'accord de pluſieurs choſes differentes qui concourent à la production de quelque bien*, eſt ce qu'on appelle *perfection*.   Par conſéquent les loix naturelles ſont 5°. *parfaites*, c. a. d. qu'elles ſont pleinement d'accord entre elles & conformes ſoit aux attributs de Dieu, ſoit à leur fin, qui eſt de conduire l'homme au bonheur qui lui eſt deſtiné.   Dès qu'elles ſont parfaites, nous en concluons 6°. qu'elles ne peuvent pas être regardées comme *purement arbitraires* (176); ſi on entend par *arbitraire* ce qui ſé fait ſans intelligence & ſans conſulter le rapport des perfections de celui qui agit avec le but qu'il ſe propoſe.

7°. Comme la notion de la liberté de Dieu indique

que *une souveraine sagesse qui connoit ce qu'il y a de mieux, & le fait sans aucun obstacle intérieur ou extérieur*, nous croïons pouvoir avancer cette proposition: que Dieu a établi les loix naturelles qui existent, parcequ'il est très sage, & qu'il ne pouvoit pas en faire d'autres, quoiqu'il soit très libre.

CCXXII. *Les loix naturelles sont certaines.*

Une chose est certaine, ou au moins on peut la démontrer, quand on voit ou qu'on peut voir *que le contraire est impossible, implique contradiction.* Dans ce cas l'esprit est si promptement convaincu, que la *connoissance du vrai* & la *conviction* qui l'accompagne sont des opérations, pour ainsi dire, *simultanées.* La force de cette lumiere est telle que si l'ame veut douter ou examiner de nouveau & avec plus d'attention, elle sent, pour ainsi dire, sa vue se troubler, les objets ne se présentent plus qu'avec confusion, comme pour la punir de ne s'être pas contentée d'une lumiere qui la pénétroit si vivement. Cet état de l'ame qui sent qu'elle ne peut aller plus avant, s'appelle *le sentiment du vrai.* On l'appelle aussi ordinairement *certitude subjective.* Pour donner à l'homme la facilité d'acquérir une *persuasion* telle que nous venons de la décrire, la nature a mis dans le plus intime de son être les principes & la semence de toutes les vérités, de maniere que soit qu'il compare, par une réflexion lente & à l'aide du *raisonnement*, quelque idée avec ces principes, soit que cette comparaison se fasse subitement, l'impression de la lumiere le pénétre si vivement qu'il ne peut y résister & refuser son assentiment. Ce sont *ces principes & ces semences du vrai moral*, qui forment *le sens moral.*

K 3

Les

Les loix de la nature ne font autre chofe que l'af-femblage des regles naturelles du bonheur. Nous avons prouvé (27. 28) que ces regles *font cer-taines par elles mêmes.* Elles tendent toutes au même but, qui eft le bonheur de l'homme. Ain-fi leur affemblage eft donc également *certain.*

Si elles étoient *incertaines*, leur effet, qui confifte à faire jouïr du bonheur, feroit auffi incertain; tantôt le bonheur, tantôt le malheur feroient la fuite d'une vie conforme aux loix de la nature, ce qui contrediroit le but du Législateur (183): ou fi quelqu'un parvenoit au bonheur, ce feroit un effet du *hazard*, & nullement de la *Providen-ce Divine.* Or il n'y a point de hazard pour le Créateur qui eft fouverainement fage (175).

Enfin fi on fuppofe que les loix naturelles font incertaines pour l'homme, il faut fuppofer auffi que les effets des actions ne font pas certains, ou que l'homme n'a aucun moïen de s'en affurer. Cependant il y a des effets bons ou mauvais qui font liés néceffairement avec certaines actions (26). La connoiffance de cette liaifon n'eft pas impoffible à l'homme (40. 41. 217). Par confé-quent il y a dans l'homme une faculté de connoî-tre certainement les loix de la nature; c. a. d. qu'en obfervant que les mêmes effets fuivent conftamment les mêmes actions, il peut fe faire une fuite de regles, pour diriger fes actions li-bres d'une maniere propre à le faire jouïr du bonheur.

CCXXIII. *Les loix naturelles font évidentes.*
Le terme *évidence* exprime ce *dégré* de *lumiere* qui brille dans l'ame, lorfqu'elle voit la vérité d'u-ne

ne idée, ou qu'elle apperçoit la liaifon ou la différence de plufieurs idées comparées entre elles.
Toute connoiffance *certaine* eft en même tems
évidente. Dans ce fens le plus haut dégré de
certitude s'appelle *évidence mathématique.* On
fe fert auffi de ce mot pour exprimer la *promptitude* avec laquelle cette lumiere frappe l'ame. On
parvient à l'évidence avec plus ou moins de lenteur ou de rapidité, fuivant la nature des obiets
auxquels on s'applique, & fuivant les difpofitions
naturelles ou acquifes de l'efprit.

Nous difons que la *loi naturelle eft évidente*, en
ce fens que quiconque a *le fens commun* peut ou
la connoître tout d'un coup par le moïen du *fens
moral*, ou avec une attention fuffifante la comprendre à l'aide de la raifon.

Si elle n'étoit pas évidente, ou l'ignorance en
feroit invincible, ou il ne feroit donné qu'à très
peu de perfonnes & encore aux plus intelligentes
de pouvoir la connoître certainement. Par conféquent, à l'exception de ce petit nombre, elle
n'influeroit pas fur la détermination du refte des
hommes, & dès lors, ne leur impoferoit aucune obligation (214). D'où il fuivroit que pour
la presque totalité du genre humain il n'y auroit
point *de loi morale* (217).

Or comment concilieroit-on cela avec le deffein du Légiflateur, qui, aïant établi la *loi naturelle pour l'avantage de tous*, a voulu qu'*elle fut une
loi pour tous.* Si la loi étoit d'une obfcurité im-
pénétrable à l'homme, il eft clair que Dieu n'auroit pas employé un moïen propre à lui faire connoître le chemin qui mène au bonheur; ce qui
eft inconciliable avec l'idée de la *fouveraine fa-*

K 4

geffe.

geſſe.   Ainſi, *concluons* que la *loi naturelle étant l'ouvrage de Dieu, doit être évidente.*

CCXXIV. *Mais*, dira t-on, *ceux qui paſſent pour les plus habiles ne ſont pas d'accord entre eux ſur ces loix.   Elles ne ſont donc pas certaines.   Un très grand nombre les ignore ; on prend pour de vraies loix celles qui ne le ſont pas ; & ce ne ſont pas quelques hommes qui tombent dans cette erreur, mais des nations entieres, qui, non pas ſeulement depuis quelque tems, mais depuis une longue ſuite de ſiecles, y ſont opiniâtrément attacbés.   Donc ces loix ne ſont pas évidentes.*

En accordant le fait, on peut nier la conſéquence. Comme ce ne ſeroit pas raiſonner conſéquemment de dire : telle choſe n'eſt pas connue de tout le monde, donc elle n'eſt pas évidente ; ou bien, beaucoup de perſonnes tombent dans des erreurs dangereuſes, donc *il n'y a aucune regle certaine pour diſtinguer le vrai du faux ;* de même on ne peut pas conclure de ce que quelques perſonnes ignorent les regles naturelles de la morale, que toute la loi naturelle eſt tellement obſcure que les eſprits ne peuvent la connoître avec certitude.

Les jugemens que nous formons ſur le bien.& le mal, par la ſeule *force du ſens moral,* ſont plus clairs que ceux que nous ne prononçons qu'après un examen difficile & une obſervation attentive des effets prochains & éloignés qui ſont la ſuite d'une action. Cette difficulté ſe rencontre plus fréquemment, à meſure que l'on s'éloigne plus de la ſimplicité de la nature pour ſe livrer à des affaires épineuſes & embarraſſées. Mais il y a

beau.

beaucoup de chofes qui diftraifent l'ame, & l'empêchent de fe rendre attentive à obferver la fuite des effets qui réfultent des actions, & leur conformité ou oppofition avec la bonheur. Les principaux obftacles à cette attention font l'éducation, la mauvaife habitude qui engendre la pareffe, étouffe la réflexion, & fait que l'ame éprouve les fuites de fes mauvaifes actions fans en connoître la caufe.

Ajoutez encore que la fociété, qui devroit faciliter la propagation de la vérité, contribue fouvent à répandre l'erreur.

C'eft faire injure à la nature humaine de croire que les hommes foient fi bouchés qu'avec la meilleure volonté, ils ne peuvent pas diftinguer le bien du mal. L'hiftoire du genre humain fuffit pour réfuter une telle idée. Niera t-on que les raïons du foleil foient lumineux, par cette raifon qu'ils n'affectent pas celui qui ferme les yeux ?

Il eft conftant que le *fens moral* n'éclaire pas toujours de maniere à diffiper toutes les erreurs ; mais ce n'eft pas une raifon de fe défier abfolument de cette faculté. De faux jugemens, tels que ceux dont nous avons indiqué les caufes, peuvent obfcurcir la clarté de fa lumiere ; comme un inftinct naturel oppofé à un autre peut augmenter au point d'étouffer, pour ainfi dire, le fecond (51).

On peut prouver la force du fens moral, par les exemples même cités par ceux qui ont pris parti contre.

P. ex. Le *fens moral* nous fait improuver toute méchanceté. Cependant il y a eu des nations barbares qui approuvoient la conduite des enfans qui tuoient leurs peres, lorsqu'ils foient décrépits, & qui les mangeoient. Peut-on en conclure que ces nations approuvoient la cruauté ? Peut être les premiers qui ont introduit cette coutume qui nous fait horreur, & qui repugne tant à l'amour que nous devons avoir pour ceux qui nous ont donné le jour, ne fe font-ils déterminés à cette action qu'aux inftantes prieres de leurs parens, qui defiroient fe fouftraire à l'ennui de vivre? Ces enfans que nous regardons comme dénaturés, ont peut-être cru que c'auroit été manquer à leur devoir, de refufer ce trifte fervice à des perfonnes qu'ils chériffoient trop pour ne pas fe rendre à leurs vœux?

Enfin la difficulté de donner une forme fyftématique aux loix naturelles, comme on a coutume de le faire pour les autres fciences, ne prouve pas qu'elles foient obfcures. Si on ôte *les vaines difputes de mots* qui font dans les ouvrages des *favans* qui traitent de ces matieres, on verra que la différence des fentimens tombe, moins fur les *loix* elles mêmes que fur la *maniere d'en traiter, fur l'origine des maladies de l'ame, & fur les moïens de les guérir ou de les prévenir.* Quant aux queftions fur lesquelles on eft réellement partagé, il faut en accufer le défaut d'attention, quelle qu'en foit la caufe, car il y en a plufieurs, & quelques fois le défaut de liberté.

CCXXV. „ Mais, objecte t-on encore, fi les
„ loix naturelles font fi claires, chacun, pouvant
„ aifément fentir l'avantage qui en réfulte,
„ devroit fe fentir porté à s'y conformer.
„ Or c'eft ce qui n'eft pas aifé à perfuader ;
„ car *venons en au vrai, & nous fentirons que no-*
„ *tre*

,, *tre cœur & notre ſens intime s'y oppoſent.* (*) L'his-
,, toire vient à l'appui de cette réflexion, car
,, comme le dit, le Poëte Manilius, *on ne voit*
,, *dans toute l'hiſtoire que Pylade & Oreſte dont*
,, *l'amitié ait été aſſez forte pour vouloir mourir l'un*
,, *pour l'autre, & ſe diſputer généreuſement l'avan-*
,, *tage de ſacrifier ſa vie pour ſon ami   Tous les*
,, *ſiecles d'ailleurs nous fourniſſent des monumens de*
,, *jalouſies, de crimes, d'atrocités ſans nombre.*

,, De plus, ajoute t-on, ſi on trouve du plai-
,, ſir à ne pas faire ce que la loi preſcrit, & que
,, cependant on ſoit obligé de le faire, ou il faut
,, que l'eſprit de l'homme ſoit bien bouché pour
,, ne pas voir clair en cette matiere; ou il faut
,, que cette loi de la nature ſoit bien obſcure,
,, pour que la nature elle même l'enviſage avec
,, tant de répugnance. "

L'erreur de celui qui croit bienfaire en violant la loi, & mal faire en l'obſervant, eſt une
erreur durable, ou une erreur d'un moment. Si
elle eſt durable, elle ne peut être que l'effet de
préjugés d'éducation & de l'habitude. Or une
telle erreur ne prouve pas plus l'obſcurité de la
loi naturelle, que la perſuaſion où eſt un malade,
à l'article de la mort, qu'il ſe porte bien, ne prouve qu'il n'y a point dans ſon état de ſymptômes
d'une maladie déſeſpérée & d'une mort prochaine.

Parle t-on d'une erreur inſtantanée qui faſci-
ne l'eſprit, au moment ou il délibère, nous avons
montré plus haut que la cauſe prochaine étoit
la force attraïante d'un plaiſir auquel l'ame eſt *ac-*
coutumée, ou qui par *ſa vivacité & ſa proximité*
l'empêche d'appercevoir les *raiſons* qui détermi-
ne-

(*) Horace.

neroient à agir autrement, de maniere que l'ame ou ne peut pas du tout, ou ne peut pas long-tems fixer son attention sur ces raisons. L'habitude de fuïr la douleur produit le même effet. C'est pourquoi cette pente de la volonté séduite par un faux calcul du plaisir présent & de la peine qui suivra, prouve seulement la foiblesse de la liberté pour fixer son attention; mais elle ne détruit pas ce que nous prétendons, savoir que les loix naturelles sont évidentes (76), & font une vive impression sur nous.

CCXXVI. Nous croïons avoir prouvé que la promulgation des loix naturelles est digne de la sagesse de Dieu. C'est avec raison qu'on dit qu'elles sont *gravées dans le cœur de l'homme*, puisqu'elles sont évidentes, & que nous avons reçu des facultés propres à en acquérir l'intelligence. Nous avons fait, *sect*. II. , le détail de ces moïens qui sont le sens moral, l'instinct, la société, l'entendement & la raison. C'est dans la nature de l'homme qu'on lit la volonté du Législateur éternel.

Ce qui donne à ces loix l'existence & la force obligatoire, c'est *la volonté de Dieu* manifestée par la constitution de la nature de l'homme. Hobbes se joue sur le mot [*loi*], lorsqu'il dit que la loi n'existe point par elle même, mais qu'elle commence à exister lorsqu'elle est consignée par écrit dans les Livres Saints.

CCXXVII. Il *n'y a point*, *& il ne peut point y avoir d'opposition ou de conflict entre ces loix*; car la contradiction seroit dans l'intelligence divine; ce qui est impossible. On dit que deux loix sont contradictoires, quand on ne peut les exécuter
tou-

toutes deux à la fois. Pour suppofer cette contradiction, il faudroit auffi fuppofer, ou que Dieu
n'a pas prévu tous les cas poffibles, de maniere
à pouvoir donner des regles propres à tous les
cas, & par conféquent bonnes abfolument & fans
exception, ou que la promulgation des loix n'eft
pas fuffifante. Or on ne peut dire ni l'un ni
l'autre (222. 223). Donc on a raifon de dire
qu'il n'y a point de contradiction entre les loix
de la nature.

C'eft ce qui les diftingue des loix humaines;
car celles-cy étant faites par des êtres dont l'intelligence eft bornée, qui ne voient pas tout enfemble, mais par partie, & par conféquent d'une
maniere peu exacte, elles doivent être corrigées
& modifiées, & même recevoir plus d'extenfion.
P. ex. ces deux loix: *Défendez votre vie.* · *Ne re-
fufez point de mourir pour votre patrie :* ne font
point en conflict, fi on les énonce avec précifion. Si donc on croit voir quelque oppofition entre les loix naturelles, elle n'eft qu'ap-
parente, & n'eft fondée que fur la maniere de les
envifager & de les énoncer.

CCXXVIII. Une obligation fondée fur une loi
de la nature *regarde tous les hommes.* Tous les
efforts du genre humain ne pourroient pas faire
qu'un feul homme en pût être exempt, & que
le bonheur fut la récompenfe du mal, ou le malheur la punition du bien. Cela n'eft point contraire à la diftinction réelle des *loix abfolues* & des
conditionelles. Les premieres fe rapportent à l'*état
commun à tous* les hommes, les autres à un *état
propre* à quelques uns, [*comme les regles de con-*
dui-

*duite propres aux savans, aux militaires, aux
princes.*

Les *loix hypothétiques* 1°. ne font jamais oppofées aux loix abfolues. 2°. Elles s'en déduifent
au contraire, & l'obligation qui en naît eft fondée fur la vérité des loix abfolues. 3°. C'eft fur
elles qu'eft appuyée l'obligation commune à tous
ceux qui ont le même état & qui fe propofent le
même but.

CCXXIX. Les loix de la nature forment & indiquent la liaifon qui fe trouve entre une *action*
ou une *omiffion* & tel effet qui contribue au bonheur. L'action eft l'objet du *précepte*, l'omiffion
eft l'objet de *la défenfe*. C'eft pourquoi la divi-
fion des loix en *préceptives* & *prohibitives* eft exacte.
Dans l'un & l'autre cas, l'obligation eft égale.

On dit qu'une *action* & une *omiffion* font
licites ou *permifes*, lorfque le Législateur n'a
point établi, ou n'a point fait connoître, qu'il ait
établi une liaifon naturelle entre certains effets
avantageux ou nuifibles capables de déterminer,
ou lorfqu'il n'a pas attaché une efpece déterminée de ces effets à ces actions. Dans le premier
cas *la permiffion eft pleine & entiere;* dans le fecond elle eft *moins pleine.*

Si on pouvoit donner un exemple d'une action
qui n'eut aucune liaifon naturelle avec le bonheur, ou dont la liaifon ne put pas être connue,
elle feroit regardée à jufte titre comme *pleinement*
permife par la loi naturelle.

Il y a plufieurs efpeces d'actions qui font permifes d'une maniere *moins pleine.* P. ex. lorfque les Jurisconfultes difent qu'il eft *permis* de
refu-

refufer un fervice à un homme qui le demande & qui le mérite, ils ne prétendent pas qu'une
telle dureté ne fera point punie d'aucun mal qui
en refulte; ils difent feulement que cet acte d'in-
humanité n'eft pas du nombre de ceux qui font
vengés par la *juftice humaine* (129).

S E C T I O N VI.

Définition & perfection de la Philofophie Morale.

CCXXX. On doit avoir d'autant plus de zele
pour découvrir une verité & la
dégager des ténébres de l'erreur, qu'il eft plus
dangereux de l'ignorer & de tomber dans l'erreur
oppofée. Telles font les loix naturelles qui indiquent le chemin du bonheur; il eft dangereux
de fe contenter d'en avoir une connoiffance légere, trop refferrée, fauffe ou douteufe. C'eft
pourquoi les Philofophes ont rendu un grand fervice à l'humanité en emploïant toutes les forces
d'un efprit cultivé pour acquérir & nous trans-
mettre une connoiffance plus profonde d'une
chofe fi falutaire & fi indifpenfable.

CCXXXI. Les autres fciences ont leur prix,
puifqu'elles ont pour objet de procurer à l'homme des biens plus ou moins précieux dont chacun contribue à rendre la vie préfente moins mal-
heureufe, ou à faire jouïr de biens plus confidérables. Il ne falloit donc pas négliger la fcience
qui

qui embraffe toute la conduite de la vie, c. a. d. la fcience qui apprend à connoître & apprétier tant d'efpeces de biens & de maux qui arrivent à l'homme, & à former fon ame de maniere qu'il trouve du plaifir à vivre, & cependant envifage la mort fans effroi.

L'art de vivre eft l'objet de cette partie de la Philofophie qui porte le nom de *Morale*, parcequ'elle apprend à regler *les mœurs* ou la conduite. Elle tire chaque loi de la nature & la liaifon de toutes de leur rapport avec le bonheur de l'homme, & pour lui faire connoître ce rapport, la premiere leçon qu'elle donne à l'homme eft de travailler à fe connoître lui même.

La Morale eft la fcience qui explique d'une maniere claire la liaifon des loix naturelles avec le bonheur de homme, & la maniere de s'y conformer.

Les *loix de la nature* prefcrivent de s'appliquer à acquérir une *connoiffance véritable* des actions qui conviennent ou ne conviennent pas à la nature humaine, & à avoir, conferver & augmenter la facilité de faire promptement ce que nous favons être dans l'ordre de nos devoirs (196). Par conféquent la *Philofophie morale* renferme des regles fur ces deux objets.

CCXXXII. La fin de la Philofophie morale eft de nous donner des marques certaines pour diftinguer plus aifément & plus exactement le vrai bien du mal, & de porter plus promptement & plus efficacement la volonté à s'attacher au bien & à fuir le mal (231).

C'eft pourquoi l'avantage de cette Science, en quoi elle furpaffe la morale vulgaire, eft qu'elle fournit de plus grands moïens & en

plus

plus grand nombre pour remédier à l'ignorance des bons préceptes de conduite, éviter l'erreur *dans le choix & l'application*, & bannir la paresse & la nonchalance *dans l'exécution.* Sa *perfection* consiste *à ne point s'écarter du but ou elle tend, lequel est de regler la conduite d'une maniere sage.* Plus elle fait tendre à ce but, plus elle est parfaite. Sa perfection diminue à proportion de ce qu'elle s'en écarte. Elle ne mérite pas le nom de Morale, lorsqu'elle est opposée à cette fin.

CCXXXIII. 1°. Ceux qui entrent dans cette carriere font avec raison tous leurs efforts pour ne donner que les *véritables* regles de conduite. Mais les seules *véritables* font celles qui s'accordent évidemment avec la nature, & par conséquent avec le bonheur de l'homme. C'est pourquoi il faut retrancher les préceptes non pas *difficiles*, mais *impossibles*, ou qui quand ils feroient *possibles* procureroient à l'homme *des plaisirs qui lui coûteroient trop*, ou des peines telles qu'il ne pourroit pas espérer qu'elles feroient suivies d'un plus grand plaisir.

Une Morale triste & trop austere est aussi fausse qu'une *Morale relâchée.* Celle-cy raye du nombre des devoirs ceux qui privent l'homme d'un plaisir actuel, & ne préfente point les motifs les plus nobles pour le déterminer à bienfaire. Celle-là refufe à l'homme ce qu'on peut lui accorder fans nuire à fon bonheur, & en s'attachant à augmenter en lui le defir de fouffrir, & à diminuer & même anéantir celui du plaisir, elle rend pour me fervir des paroles d'un célebre Philofophe, *l'exiftence de l'homme infipide*; elle fait qu'il

L

traî

traîne plutôt fa vie qu'il n'en jouït felon l'intention de la Providence.

CCXXXIV. Il faut expliquer les vrais préceptes (230) de maniere qu'avec quelque attention
on puiffe en acquérir une connoiffance *certaine*,
& établir fur des fondemens folides une conviction telle qu'elle ne le cede pas en évidence *aux*
connoiffances mathématiques.

A cet effet, *chaque idée* doit être déterminée
avec certitude , & énoncée avec précifion ; il
faut prendre toujours dans le même fens les termes clairement définis ; les propofitions doivent
être établies fur des preuves concluantes ; & il
ne faut employer que des raifonnemens dont la
vérité foit évidente par les propofitions déjà
prouvées. Comme il s'agit de donner des preuves concluantes, il ne faut pas s'en rapporter à
la feule autorité des Moraliftes, par même à celle qui eft formée par *le concours des fages* & *des*
peuples (44). Ceux qui ont plus de pénétration
que la plûpart des autres hommes méritent d'être
cités, non comme Législateurs , mais comme
aiant obfervé plus exactement les penchans de
la nature.

CCXXXV. Pour établir les préceptes de la
Morale, la meilleure méthode paroît être de
commencer par accoutumer l'efprit à écouter ou
confulter le *fens intime*, & *obferver les effets* que
nous connoiffons fûrement par la voïe des fens
& par l'expérience, puis finir par celles qui fe
déduifent des premieres vérités, & des propofitions qui paffent conftamment pour indubitables,
par-

parcequ'elles ont été prouvées ailleurs. De même qu'on a coutume de préparer *à la Pſychologie rationelle* par la Pſychologie que les Philoſophes modernes appellent *empirique*; il eſt auſſi
fort utile d'étudier la Morale *expérimentale*, [ſi
on peut emploïer ce mot conſacré pour la Phyſique] avant d'en venir à celle qu'on peut appeller *rationelle*, parcequ'elle employe les argu-
mens [*à priori*]. Le ſavoir de l'homme ne conſiſte pas à *ſe reſſouvenir*, comme le dit Platon,
mais *à obſerver*.

L'*hiſtoire* eſt d'un grand ſecours pour cela;
elle donne autant de force à la Morale, que celle-cy donne à l'hiſtoire de lumiere & de dignité.

Un eſprit accoutumé à l'*obſervation*, en a plus
de facilité pour raiſonner, & plus d'empreſſe-
ment pour écouter les raiſonnemens des autres;
il les comprend mieux, & en fait plus d'uſage
pour affermir ſes connoiſſances; enfin il s'attache plus volontiers à les appliquer à ſon état.

Cette méthode a encore l'avantage que ceux
qui l'employent dans leur jeuneſſe, *comprennent*
avant de *diſputer*, *ſentent* avant de *démontrer*, enfin apprennent plutôt *à agir* qu'*à parler*.

CCXXXVI. 2°. Comme il faut éviter les ſub-
tilités minuticuſes, il ne faut auſſi omettre aucun principe *fécond* en maximes de conduite, [je
dis *fécond*, c. a. d. d'où on puiſſe tirer *beaucoup
de concluſions utiles*,] & qui, étant connu d'une
maniere bien diſtincte, montre ſans effort à l'eſprit
les concluſions qu'il renferme.

C'eſt pourquoi, p. ex. négliger de parler de tous

ou d'une partie des devoirs que la Réligion prescrit, se borner au court espace de cette vie, ne penser pas aux préceptes qui regardent la vie future, passer sous silence ceux qui regardent les personnes occupées aux affaires, ou qui intéressent la société, c'est laisser à l'écart la plus noble partie de la Morale.

CCXXXVII. 3°. Il est nécessaire que le petit nombre de préceptes nécessaires pour démontrer les conclusions soit placé dans *un ordre* qui fasse appercevoir distinctement & facilement la suite & l'enchaînement des vérités.

La nature produit de grands & nombreux effets par un *petit nombre* de loix.

Pour ne point s'égarer, l'art n'a qu'à suivre la nature. Delà l'attention avec laquelle on doit éviter que l'esprit ne soit distrait par des discussions plus subtiles que profitables. La concision augmente la lumiere. C'est avec raison qu'on dit que plus les sciences philosophiques seront claires & fécondes, moins elles seront volumineuses.

La nature ne fait rien qui soit isolé, & qui ne tienne à quelque autre chose. On voit un concert admirable dans tout ce qu'elle produit. Nous avons fait voir qu'il en est de même (40) des actions qui conduisent au bonheur. La Morale n'est autre chose que le tableau de la nature qui invite les hommes à rechercher leurs vrais avantages. Par conséquent la bonté des regles morales dépend de leur conformité avec l'ordre naturel qui conduit au bonheur. Cette maniere de traiter la Morale donnera la facilité de porter un jugement plus prompt & plus certain sur ses actions

tions particulieres bonnes ou mauvaifes, ou fur celles des autres.

Une Morale dont chaque partie eft ainfi enchaînée & *fyftématique* eft bien préférable à ces regles de conduite qui font ifolées & fans aucun rapport avec les autres. Quiconque eft un peu au fait de l'hiftoire de la philofophie ne peut en douter. Surtout, depuis qu'on a commencé à fuivre la *méthode géométrique*, on entend beaucoup moins parler de ce qu'on appelle *cas de confcience*, & quand il s'en préfente, on les réfoud aifément, au lieu qu'autre fois on les auroit regardé comme infolubles.

CCXXXVIII. 4°. L'utilité de la Morale ne fe borne pas à de fimples fpéculations ; elle confifte principalement dans la pratique (152). Il faut donc s'attacher à faire *fentir* l'utilité de chaque précepte, de maniere que ce *fentiment d'obligation* (216) accompagne toujours un point de Morale quel qu'il foit, & que devenant, pour ainfi dire, une feconde nature, il produife dans l'ame un principe efficace de courage, de fageffe & de vertu.

CCXXXIX. Nous concluons de ce qui vient d'être dit que la perfection de la Morale dépend de la conformité de fes préceptes avec la nature (152). C'eft fur cette conformité qu'eft fondée la vérité de cette Science. Elle n'eft folide qu'autant qu'elle ne s'écarte en rien de la nature. Juvenal a eu raifon de dire, que *les préceptes de la fageffe ne font pas différens de ceux de la Nature.* La *perfection* dont la fcience de la Morale eft fufceptible croît à proportion que *chaque* pré-

L 3

cepte

cepte en particulier eft expliqué avec plus de clarté, de vérité & de précifion, & que la *totalité* des préceptes forme un enfemble plus lié & plus propre à faire impreffion fur le cœur.

Depuis que cette fcience a été tirée de la nuit épaiffe ou les fubtilités fcholaftiques l'avoient plongée, les Modernes n'ont-ils eu autre chofe à faire qu'à la préfenter telle qu'elle étoit connue des Anciens?

Cette queftion revient à celle-cy: Les ouvrages anciens qui font parvenus jusqu'à nous, ont-ils tellement embraffé toutes les parties de la Morale qu'ils aïent réfuté toutes les erreurs, qu'on n'ait pas mis depuis, ou qu'on ne puiffe pas mettre dans un nouveau jour les caracteres des devoirs de l'homme, qu'on n'ait pas trouvé de meilleures preuves, qu'on ne puiffe pas préfenter l'enfemble de fes préceptes dans un ordre plus naturel, que dans les motifs capables d'influer fur la volonté, en un mot dans l'obfervation de la nature, les Anciens aïent ou tout vu, ou mieux vu que les Modernes?

CCXL. La doctrine de J. C. fur la nature de nos devoirs eft plus fublime que celle de la raifon. Mais elle ne détruit point l'utilité des préceptes naturels; elle ne les rejette pas comme étant moins néceffaires à accomplir; au contraire elle nous les recommande, elle nous les inculque, & les fortifie par des *motifs nouveaux & plus preffans.*

Il eft digne de 'a fageffe de Dieu que la Morale *naturelle* & la Morale *révelée* concourent au même but. Ainfi elles ne peuvent être oppofées l'une à l'autre. Quiconque prétend, y trouver de l'oppofition,

ou

ou ignore les véritables loix de la nature, ou confond la doctrine de J. C. avec l'opinion de quelques interpretes.

Il eſt vrai que la Morale longtems abandonnée aux ſcholaſtiques, aprés avoir recouvré ſa liberté, s'eſt trouvée quelques fois en oppoſition avec eux. Mais toute Morale oppoſée à la Religion n'a jamais été & ne peut être vraïe (212).

SECTION III.

Tous les devoirs de l'homme s'accordent entre eux.

CCXLI. Il y a un accord parfait entre les *loix naturelles* , & par conſéquent entre les *devoirs* qu'elles preſcrivent. La Morale eſt conforme à la nature (239). Ainſi il faut avoir grand ſoin en expliquant & en enchaînant les préceptes de ne laiſſer ſubſiſter aucune apparence de contradiction. Les exceptions par lesquelles on limite les regles, diminuent la clarté de celles-cy, & donnent lieu à des diſputes embarraſſantes; les regles mêmes qu'on a coutume de donner pour concilier des devoirs qui paroiſſent oppoſés, ſont difficiles à entendre, & encore plus difficiles à appliquer, lorsque le cas exige qu'on en faſſe l'application.

CCXLII. Pour obvier à cette difficulté, il eſt néceſſaire de ſe faire, pour ainſi dire, un *point de vüe fixe* d'ou on puiſſe ſaiſir la liaiſon intime

L 4

des

préceptes entre eux. C'eſt à cet effet qu'on cherche communément une propoſition *générale évidente, vraïe, connue par la raiſon ſeule indépendamment de la Révelation*, & qui ſoit comme une pier-
re de touche pour diſtinguer, un devoir naturel d'avec de prétendus devoirs ou *inconnus à la
nature*, ou *oppoſés à ſes loix*. On peut donner
le nom de principe *fondamental* de la Morale à une
propoſition *qui renferme le caractere primordial &
certain des devoirs naturels*, & de laquelle, une fois
admiſe ou prouvée, on peut déduire tous ces
devoirs.

CCXLIII. Il ne faut pas croire parcequ'on dis-
pute tant ſur la nature de ce principe, qu'on ne
puiſſe pas le découvrir, ou qu'il ſoit de peu d'u-
tilité. La différence des ſentimens vient d'un
côté, de la ſignification différente qu'on donne
au terme de *loix naturelles*, & de l'autre de la *précipitation* des Savans, qui d'une propoſition propre
à démontrer un grand nombre de devoirs, en
veulent faire un principe qui les démontre tous.
La propoſition qui ſert de baſe à la ſcience des
loix naturelles, doit être 1°. *vraïe*, 2°. évidente, 3°. n'avoir pas beſoin, pour être prouvée,
du ſecours de la Révélation, 4°. renfermer la derniere raiſon qui puiſſe faire connoître d'une maniere claire & certaine, ſi telle regle de Morale eſt
vraïe ou non, & ſi elle oblige réellement.
Donner pour premier principe de la connoiſſance des loix naturelles, la *volonté de Dieu ou le
jugement de la droite raiſon*, c'eſt ne rien expliquer;
car il ne s'agit pas de ſavoir *s'il faut faire ce que
la raiſon nous montre être la volonté de Dieu*: mais
quelle eſt la volonté de Dieu; qu'eſt ce que la
rai-

fon nous apprend qui convient à la nature de l'homme.

CCXLIV. Parmi les propofitions qu'on regarde comme les fondemens de la Morale, il y en a beaucoup qui ne différent que dans les termes. Il y en a auffi qu'on croit qui difent la même chofe, & qui néanmoins font très différentes. P. ex. Les Anciens difoient: *fuivez la nature*; les modernes difent: *travaillez à vous perfectionner*; ces deux propofitions qui *paroiffent femblables* différent beaucoup. Elles renferment quelque idée commune; car cette propofition-cy: *travaillez à vous perfectionner*, fignifie: réglez tellement vos actions libres qu'elles foient conformes à votre *nature* ou aux *actions naturelles*. C'eft dans cette harmonie dont nous avons parlé Part. I. que *confifte la perfection morale de l'homme.*

Mais d'un autre côté elles renferment des idées différentes; car les Anciens, lorsqu'ils difoient que *vivre fuivant la nature* étoit *bien vivre*, ordinairement *ne féparoient pas la nature Divine de la nature humaine*; ils n'étoient point exacts fur les préceptes de la Religion, ils attribuoient au *deftin* les événemens de la vie, & en concluoient que l'homme devoit être infenfible aux biens & aux maux, & quitter la vie lorsqu'il s'ennuyoit de vivre.

Les Modernes font bien éloignés de ces maximes, quand ils exhortent l'homme *à travailler à fa perfection.*

CCXLV. Quelques Anciens ont établi pour premier principe qu'*il faut jouïr des plaifirs & travailler à s'en procurer le plus qu'il eft poffible*; mais

ils

ils différent étrangement de ceux qui, comme nous, réduifent les préceptes de la nature à ce premier principe : *travaillez à vous rendre heureux.* Ceux là fe bornent uniquement & principalement aux plaifirs *corporels* , & s'ils donnent la principale part aux plaifirs de l'efprit, ou ils n'ont pas une jufte idée de la douleur, ou ils éloignent leur fage des affaires publiques, & le concentrent dans la méditation, ou ils ne font aucun cas *des avantages que procure la Religion*, ou ils ne comptent pour rien ces *plaifirs fublimes de l'efprit* qui naiffent de *l'harmonie de nos actions* ; ou enfin ils ne voient pas de vraies fources de joïe au delà du court efpace de cette vie.

Mais ceux qui rappellent tout au *foin de travailler à fon bonheur*, ont grand foin de diftinguer *les plaifirs véritables de ceux qui font faux*, & leurs dégrés différens, il s'appuyent fur les fondemens de la Théologie naturelle, & ne regardent pas la mort comme la fin du bonheur ; au contraire ils enfeignent qu'il continue après la mort, & en concluent qu'il faut vivre de maniere que l'ame qui furvivra au corps, puiffe s'élever du bonheur qu'elle a commencé à gouter dans cette vie à un dégré plus parfait, & jouïr ainfi dans l'ordre établi par la Divine Providence des biens qu'elle lui a déftinés.

CCXVI. Il n'y a point d'oppofition entre ces deux préceptes (244. 145), dont l'un dit : *travaillez à perfectionner votre être*, & l'autre : *travaillez à acquérir & augmenter votre bonheur*, c. a. d. *dirigez tellement vos actions libres que vous puiffiez entretenir l'efpérance ferme de faire des progrès continuels dans la jouiffance du bonheur.* Le premier

mier dépend du fecond. Car pourquoi dit-on que nous fommes obligés *de conformer nos actions libres à notre nature?* (244). C'eft parceque l'état qui doit en réfulter, eft *une fource de plaifirs vrais, & qu'il ne fera expofé à aucun repentir.* Par conféquent l'obligation *de travailler à fe perfectionner* fe connoit & fe démontre en derniere analyfe par *le defir du bonheur.*

Mais cette obligation étant fuppofée, on fait une queftion ultérieure & on demande: à quel caractere il eft poffible de diftinguer les actions qui s'accordent avec la nature de celles qui la combattent; c'eft, dira t-on, *par leur conformité avec les deffeins de Dieu.* Et ces deffeins, comment les connoître? N'eft ce pas par la nature? (177). Pour éviter le cercle vicieux, il eft jufte de chercher un principe plus prochain & plus déterminé, qui ferve à faire connoître quelle action eft ou n'eft pas conforme avec notre *nature*, par conféquent avec notre *bonheur*.

CCXLVII. Nous avons vu [*fect.* 3 - 7.] qu'on ne peut efpérer de vie heureufe, fi on ne conferve & n'augmente fes facultés, [*corporelles, fpirituelles, celles qu'on a acquifes par la poffeffion des biens extérieurs, par le fecours de Dieu & par celui de fes femblables*] & fi on ne s'applique à en faire un bon ufage. Ce bon ufage confifte à augmenter *la fomme de fes biens,* foit intérieurs foit extérieurs, c. a. d. des caufes qui produifent les vrais plaifirs, à diminuer le nombre & la force des caufes des maux qui arrivent à foi & aux autres. En faifant un tel ufage de fes facultés, l'homme témoigne à Dieu fa reconnoiffance, & fon profond refpect pour fa fageffe & fa bonté infinie.

C'eft

C'eſt là le but ou tendent *les loix de la nature.* Ainſi ordonner à l'homme de *bien vivre, c'eſt lui montrer le chemin le plus court pour parvenir au bonheur.*

C'eſt pourquoi on peut établir pour précepte général, d'où *dérivent tous les devoirs naturels* & par conſéquent les regles particulieres ſur la différence du bien & du mal, cette propoſition: *Conſervez & augmentez vos forces, & faites en un uſage tel qu'en faiſant autant de bien que le vous pouvez, vous vous conformiez à la volonté de Dieu.*

Le fruit d'une vie conforme à cette regle ſera de *procurer* la *ſérénité* & la *paix* de l'ame, & de mettre dans un état ou ſi on n'eſt pas *exempt de tous les maux,* on le ſera au moins de ceux qui naiſſent du *repentir* & du *déseſpoir.*

CCXLVIII. Nous croïons que, ce précepte une fois admis, on doit voir clairement combien eſt parfait l'accord de tous les devoirs naturels. Pour nous convaincre qu'il n'y a entre eux aucune contradiction, il ſuffira d'examiner & de comparer les *trois eſpeces de devoirs naturels.*

Jamais les devoirs envers Dieu, [nous entendons par là les actions libres auxquelles la Religion nous oblige (190)] ne ſont oppoſés à nos devoirs envers *nous mêmes* & envers les *autres,* de maniere que ne pouvant pas les remplir tout à la fois, nous ſoïons obligés de donner la préférence aux premiers & de négliger les derniers. Car ou ces devoirs envers Dieu ne ſont pas des devoirs réels, ou s'ils le ſont, ils ſont liés avec notre bonheur (188); & par conſéquent ils s'accordent avec nos devoirs envers nous (249) & envers la ſociété (250).

Ci-

Citons un exemple. Quelques perfonnes penfent que des *traités furpris par artifice doivent être religieufement obfervés par refpect pour le nom de Dieu*, *s'ils ont été confirmés par ferment*; d'autres le nient; mais ils n'y a point d'oppofition dans ce cas entre nos devoirs envers Dieu, & nos devoirs envers nous mêmes. Une fauffe définition de ce qui conftitue la gloire de Dieu fait naître la différence des opinions, & établit des devoirs imaginaires.

CCXLIX. Les devoirs de l'homme envers lui même, font *les actions libres par lesquelles l'homme*, *abftraction faite du lien qui l'unit à la fociété & à Dieu fon Législateur*, *eft obligé de rendre fon état meilleur*, *c. a. d. plus fécond en vrais biens* (57).

Ces devoirs ne fe trouvent pas en oppofition les uns avec les autres.

Il y a des dégrés dans les plaifirs vrais (7) dont la totalité l'emportant fur les douleurs qui s'y mêlent conftitue le bonheur ; par conféquent on peut dire qu'il y a des dégrés dans *les biens* (10). Celui qui préfére de moindres biens à de plus grands, ne choifit pas entre deux biens réels, mais entre l'objet dont la poffeffion n'eft jamais fuivie de regret & qui, par conféquent, eft le *feul vrai bien*, & l'objet qui le prive de l'acquifition *du vrai bien*, qui l'expofe infailliblement au repentir, & qui, par conféquent, ne mérite pas le nom de bien.

Ainfi le devoir d'augmenter la perfection du corps ne peut pas être mis en oppofition avec celui de perfectionner fes facultés fpirituelles; car le foin qu'on prend du corps doit toujours avoir pour objet principal la perfection de l'ame ; autrement l'homme n'augmente pas fes *facultés*, il les *affoiblit*

blit (147), (10). Pareillement les devoirs qui concernent l'*état extérieur* de l'homme ceſſent d'être *devoirs*, s'ils ſont oppoſés à *ſon état intérieur*; par conféquent pour les énoncer, il ne faut pas employer des termes capables de préſenter une oppoſition avec les devoirs relatifs à l'*état intérieur*.

CCL. Les devoirs qui obligent envers la ſociété, ſont les actions libres qu'on doit faire dans l'intention de rendre l'état des autres hommes *meilleur* c. a. d. plus *fécond en vrais biens* (*ſect.* 4. & 5.)

Il ſuit de cette définition que ce qu'on appelle *des devoirs envers les morts*, à proprement parler, ne ſont pas *des devoirs envers eux.* C'eſt à ſoi-même, c'eſt à ceux avec qui on vit qu'on doit de ne pas négliger les morts, & d'honorer leur mérite.

Les devoirs *envers les autres* ne ſont pas oppoſés à ceux de *l'homme envers lui-même.* Ordonner d'aimer ſon prochain *plus* que ſoi même (166), c'eſt ordonner l'impoſſible, car on ne peut pas exiger de l'homme un amour plus fort que celui qu'il a pour lui même (96). Il peut ſacrifier ſa vie pour un autre, mais il ne peut pas pour lui renoncer au bonheur 169).

Nous ferons voir dans la *ſect.* IV. que les devoirs envers la ſociété ne ſont pas oppoſés entre eux (272).

CCLI. Il faut rejetter l'opinion de Mandeville, qui penſe que ſouvent le vice eſt néceſſaire pour faire fleurir un Etat. S'il s'agit de *vrais vices*, [car il ſe trompe dans la définition qu'il en donne] ils ſont toujours nuiſibles & au vicieux & à la ſociété, quoiqu'à ne conſidérer que leurs effets préſens

fens [p. ex. ceux d'un luxe immodéré] fans faire attention à leurs caufes, & aux effets plus
éloignés, on ne voye que l'avantage de la fociété.

CCLII. On peut conclure de ce que nous avons
dit jufqu'ici que Dieu par un effet de fon admirable fageffe a lié étroitement *ces trois efpeces de
devoirs naturels*; car *on ne peut aimer fon prochain,
fans s'aimer foi même, ni s'aimer foi même, fans
adorer Dieu.*

CCLIII. Il n'eft pas néceffaire de parler d'une
quatrième efpece de devoirs, c. a. d. de ceux qui
regardent les chofes *inanimées*, ou celles *qui étant
animées font privées de raifon.*
Ils font renfermés dans les trois efpeces
dont nous avons parlé ; car il faut ufer de
ces chofes que Dieu a créées pour rendre plus
agréable le court féjour de l'homme fur la terre, de maniere que la poffeffion & l'ufage foient
utiles & à toute la fociété, & à chacun de fes
membres en particulier. Tout ufage des créatures contraire à cette volonté de Dieu, indique une ame qui n'a point de refpect pour la Divinité puifqu'elle méprife fes *dons* ; & cet abus
porte avec lui fa punition, puifqu'en agiffant ainfi, on fe nuit à foi même. C'eft ainfi qu'une
armée qui ravage les campagnes des ennemis,
périt elle même par la famine qu'elle a voulu porter dans leur camp. La dureté à l'égard des animaux donne naiffance à la cruauté, & la cruauté
finit par tourmenter les hommes.

SEC-

SECTION IV.

Des devoirs envers la société & des caractères aux-
quels on peut distinguer les deux espèces
de ces devoirs.

CCLIV. Ce que nous venons de dire *de l'ac-*
cord parfait de tous nos devoirs (212)
s'applique plus particulierement aux devoirs de
l'homme à l'égard de son semblable. *Chacun* en
particulier de ceux qui sont renfermés dans les
sect 4. & 5. s'accorde avec les autres pris *sépare-*
ment, & *tous en général* se réünissent dans cette
proposition:

Plus les hommes, nés & formés pour la so-
ciété, auront contribué au bien des autres, plus
ils trouveront de plaisir en eux mêmes, & plus ils
auront d'avantages à espérer de la société.

CCLV. La plûpart des hommes étant assez imprudens pour tarir la source de leur propre bonheur en nuisant à celui des autres par la
lésion de leurs droits, (129) & par les pertes &
les désagrémens qu'ils leur causent (131), il est
naturel de demander quelles barrieres la nature
peut avoir opposées à ce désordre.

La difformité d'une action basse, méchante,
cruelle, en un mot d'une action *préjudiciable* à
autrui, la pensée seule du mal actuel qui en résulte pour les autres & de celui qui en résultera à
l'avenir pour celui qui la commet, l'idée seule de
la *justice divine*, ne sont pas toujours des motifs assez puissans pour reprimer les injustices
des hommes.

La crainte de perdre les quatre biens dont la
natu-

nature a voulu que chacun d'eux jouït dans la Société, sans pouvoir être troublé dans sa possession, (129) est un frein plus capable de contenir ceux qui sans cela oseroient tout.

Quand est-il avantageux à la société que la loi soit appuyée par les menaces & par la force? Quand cela est-il dangereux? Cela est avantageux, quand *le repos public* qui est le fondement de la Société ne peut subsister sans ce moïen (129). Si au contraire l'usage de la force peut troubler ce repos, il est pernicieux.

CCLVI. Ainsi la nature elle même nous apprend à distinguer *les devoirs de l'homme envers son semblable, en devoirs parfaits & devoirs imparfaits.*

Les premiers sont *ceux ou la loi naturelle, pour assurer le repos du genre humain, permet qu'on employe la force pour contraindre celui qui a des devoirs. à s'en acquitter.*

Les seconds sont ceux pour *lesquels l'intérêt du repos de la Société défend l'usage de la force.*

Il est aisé de voir que cette division n'a pas lieu pour les devoirs qui regardent la Divinité.

Il résulté de ces définitions qu'il est également intéressant (100) pour la *Société*, qu'il y ait des devoirs parfaits & que tous ne le soient pas. Les loix de la nature, qui n'établissent que ce que le bien de la Société exige, autorisent cette distinction de devoirs comme utile à la Société & défendent de les confondre.

CCLVII. La difficulté est de connoître les caracteres auxquels on peut distinguer si un devoir est parfait ou imparfait. On ne doit pas prendre pour *regle* la peine, qu'on ressent lorsque quel-

M

qu'un

qu'un viole ou néglige un devoir à notre égard.

P. ex. On ne peut pas forcer un homme à la reconnoiſſance, quoiqu'il ſoit plus fâcheux & plus désagréable de voir un bienfait payé d'ingratitude & de mauvaiſe volonté, que de recevoir une injure d'une perſonne qu'on ne connoit pas ou avec qui on n'eſt pas lié.

Appeller *imparfait* un devoir *dont l'objet eſt d'augmenter la perfection des autres, & parfait* celui qui ne *peut être négligé ou violé ſans contribuer à leur imperfection*, ce n'eſt pas aſſigner un caractere ſuffiſant pour diſtinguer ces deux ſortes de devoirs. Si, p. ex., quelqu'un s'étant fait tort à lui même pour avoir ſuivi l'exemple des autres, ou pour avoir été livré à ſes paſſions par l'exceſſive indulgence de ſes inſtituteurs, pouvoit pourſuivre par la force la réparation de ce tort ſous prétexte que ceux qui lui ont nui par leur conduite & par leur complaiſance ont manqué à leur devoir; cela occaſionneroit une infinité de procès dans la ſociété. Connus, inconnus, parens, amis, tous ſeroient continuellement en conteſtation; on verroit les freres mêmes s'entrégorger.

Enfin on ne peut pas dire qu'un devoir eſt *parfait*, par cette ſeule raiſon que celui à l'égard duquel on doit le remplir, peut entièrement juger de ce qui lui eſt dû.

Ce jugement eſt facile & infiniment vraiſemblable en pluſieurs cas, néanmoins il eſt de l'intérêt du genre humain que la force n'y puiſſe pas être employée.

CCLVIII. Nous penſons qu'à l'exception de
deux

deux *efpeces de devoirs, tous les autres font imparfaits.* La premiere efpece eft, lorsqu'on à confenti à être obligé par la force à tenir fa parole.
(130) La feconde vient de ce que *chacun eft obligé de s'abftenir d'attaquer fon femblable dans fa vie,
dans fon corps, dans fa liberté, dans fes poffeffions,
fi elles font acquifes fans léfion d'un autre & de fes
propriétés.* (129). Dans ces deux cas l'intérêt
de la Société eft qu'on puiffe employer la force.
Dans le premier, pour conferver & garantir la bonne foi dans les traités; car ôtez la bonne foi,
vous privez le genre humain de mille avantages
précieux qui ne font fondés que fur la confiance
mutuelle. *Dans le fecond,* parceque fi on ne pouvoit pas fe défendre par la force, la Société ne
feroit plus qu'un brigandage, & la feule reffource qui refteroit aux gens honnêtes & amis de la
paix feroit de fe retirer dans la folitude (130).
Ainfi le bonheur de la Société exige *que ces deux
devoirs foient parfaits.* C'eft pourquoi les loix de
la nature les diftinguent des autres, & permettent de contraindre par la force les infracteurs à
ceffer de troubler la tranquillité publique.

CCLIX. Les autres devoirs de la Société (250)
font *imparfaits*; car 1°. il y en a qui font tels
que la force ne pourroit pas produire l'effet qu'on
en efpéreroit. P. ex. C'eft un devoir de *tirer les
autres de l'erreur*; c'en eft un autre de *fuivre les
meilleurs avis.* Employez les menaces & la
violence; au lieu de perfuader, vous ne ferez
qu'aigrir les efprits & rendre odieux les bons confeils que vous donnez, & peut-être même faire prendre le parti de rejetter comme faux, fans examen,
tout ce que vous ordonnez de croire comme vrai.

M 2

2°.

2°. Quant aux autres devoirs, il faut remarquer que, quand même on viendroit à bout de les faire obferver, la *violence* produiroit plus de mal à la Société que l'omiffion de ces devoirs. Ainfi admettez la contrainte pour toutes les occafions, vous verrez les hommes fe fuïr & éviter de fe lier étroitement avec d'autres, dans la crainte de s'expofer à des vexations continuelles, pour avoir manqué à quelque devoir de fociété. Ces vexations feroient inévitables par la multitude des prétextes d'accufation qu'elles occafionneroient, & par la difficulté de prouver fi l'accufé auroit manqué ou non à fon devoir. [P. ex. fi on pouvoit faire un crime à quelqu'un de n'avoir pas empêché une perfonne d'en commettre ; fi on pouvoit taxer d'injuftice une nation, parceque voulant conferver la paix elle ne viendroit pas au fecours d'une nation voifine opprimée par une guerre injufte.] Par ce moïen des procès interminables naîtroient les uns des autres, la *défenfe* que la nature avoue, feroit perpétuellement confondue avec *la vengeance* qu'elle détefte. Les combats, les injuftices, les meurtres ne manqueroient jamais de prétextes fpécieux.

CCLX. Celui qui eft *lézé* par la violation des *devoirs parfaits* peut juger plus aifément de cette violation (258). Ces fortes d'actions font plus aifées à connoître, & écartent davantage les excufes frivoles. Il n'y a que le cas d'accident qui puiffe excufer, ou une imprudence telle qu'on puiffe la regarder comme un accident.

Delà on doit conclure que, fi les loix de la nature permettent l'ufage de la force pour empêcher certaines léfions (129), & forcer le coupable à une
répa-

réparation (130) elles défendent auffi d'en ufer pour l'infraction des autres devoirs. Permettons aux hommes d'être obftinés, durs, indifférens, fottement vains, avares, peu religieux obfervateurs des loix de l'amitié; ils feront affez punis par la privation des plaifirs vifs & fans nombre que procurent l'amour fincere & vif du prochain, la reconnoiffance de nos femblables, la certitude d'être agréables à Dieu, la paix de la confcience, & par les remords & le repentir qui accompagnent leur joye momentanée.

CCLXI. On appelle *honnêtes* les actions conformes à toute efpece de devoir. Le terme *honnête* chez les Latins indique quelque chofe qui eft *eftimable & honorable.* Comme la nature veut que l'utile & l'honnête ne foient jamais oppofés (166), on peut dire avec vérité qu'il n'y *a de bien que ce qui eft honnête.* Comme auffi le propre du *bien* eft de procurer du plaifir (10) il s'enfuit que tout ce qui eft honnête *eft une fource de fentimens agréables.*

L'application à ne point manquer à ce que nous devons aux autres, s'appelle *honnêteté.* Heureux! ceux qui en font venus jufqu'à trouver du plaifir à être utiles autant qu'ils le peuvent, à tout le monde, & à ne faire tort à perfonne, non parceque la loi le prefcrit, mais parcequ'il n'eft pas en leur pouvoir de faire autrement.

SECTION V.

De la Justice.

CCLXII. A la notion de *devoir parfait* , telle que nous l'avons donnée , répond celle d'*un droit proprement dit*. Vous êtes obligé de vous abftenir de me faire tort, donc j'ai le droit de l'exiger de vous, & en cas de refus, de vous y contraindre par la force.

Toute demande, à titre de droit, indique trois chofes   1°. Que celui qui demande poffede certaines chofes, qu'il ne veut être ni troublé dans leur ufage, ni privé de leur poffeffion, ou bien qu'il exige de quelqu'un bon gré, malgré, qu'il faffe ou ne faffe pas, donne ou cautionne certaines chofes.   2°. Qu'il y a quelqu'un, qui eft obligé de ne point le priver de ce qu'il poffede, & de ne point lui refufer ce qu'il demande.   3°. Qu'il peut, fans donner atteinte au repos de la Société, ou par fes propres forces ou par celles d'autrui contraindre quelqu'un à ne point violer fes droits & à lui rendre ce qu'il lui doit

Delà il faut inférer que le droit ne renferme pas *tout ufage des forces naturelles*, mais feulement *la liberté de faire quelque chofe, & de forcer un autre à faire ou à fouffrir quelque chofe, de maniere que cet ufage de la liberté ne trouble point la Société* (256). Ainfi on peut le définir: la faculté que la loi nous accorde d'ufer de la force contre celui qui viole un devoir parfait (258). Grotius le définit: *une faculté, ou une qualité morale parfaite de poffeder ou de faire quelque chofe avec juftice.* On appelle *jufte* une action qui eft fondée
fur

fur un droit; & *injure* ou *léfion*, ce qui eft oppofé au droit d'autrui. (129)

CCLXIII. Il refulte de la définition *du droit* (261) 1°. que le droit *proprement dit* n'a lieu que pour les hommes vivans en fociété; 2°. que ce droit entraîne avec lui la permiffion de la loi, pour faire ufage de fes forces contre ceux qui voudroient le violer. 3°. Que cette faculté que donne la loi, eft très utile à la Société, puisqu'elle eft la bafe de la tranquillité (129. 130); 4°. que c'eft donner dans l'erreur de faire confifter *le droit dans la force.* Il n'y a pas de droit, avant que l'intérêt de la paix & de la tranquillité de la Société ait permis de faire ufage de fes forces pour contraindre ceux qui la troublent. 5°. Que *les droits & les devoirs parfaits* viennent des *mêmes caufes*, & que *les efpeces de l'un répondent à celles de l'autre.*

Les caufes des droits & des devoirs parfaits font les mêmes. La premiere caufe eft la néceffité d'employer la force contre ceux qui attaquent la *vie*, *l'intégrité du corps*, *la liberté*, *une poffeffion qui ne fait tort à perfonne*, & *la propriété.* La feconde caufe eft le confentement par lequel ceux qui contractent des engagemens fe foumettent à la contrainte, en cas qu'ils ne veuillent pas les remplir. (130)

Les efpeces de droits & de devoirs parfaits font les mêmes: Comme il y a quatre fortes de *devoir* (258), il y a auffi quatre efpeces de droits, auxquelles on peut aifément rapporter toute la Jurisprudence naturelle & civile.

1°. Le droit de défendre fa vie & l'intégrité de fon corps.

M 4

2°.

2°. Celui de défendre fa liberté.

3°. Celui de maintenir fa poffeffion & fa propriété.

4°. Celui d'employer la contrainte, pour forcer celui qui s'eft engagé par la promeffe à la tenir.

Sous le terme *de liberté* nous comprenons auffi le pouvoir d'occuper ce qui n'appartient à perfonne, foit pour en avoir la poffeffion, foit pour fe l'approprier, celui de céder à un autre ce qu'on a acquis & de s'obliger envers les autres, enfin celui de s'oppofer à ceux qui en nous *décriant* ou en nous enlevant notre *réputation* voudroient nous priver du commerce des autres hommes.

Les *droits, comme les devoirs*, ou *naiffent* avec l'homme, ou s'acquérent par quelque moïen licite; ceux-cy s'appellent *droits acquis ou adventices*. Les premiers renferment le droit de défendre fa vie & fa liberté : dans les feconds font compris, tant le droit qui réfulte de l'acte par lequel nous nous emparons de quelque chofe pour la pofféder ou nous l'approprier, que les droits qui naiffent des conventions.

Les droits qui naiffent avec l'homme font ceux qui découlent de fa nature; par conféquent ils font communs à tous, & la nature n'a mis aucune différence dans la quantité de droits qu'elle leur donne. Cette *quantité* étant la même, conftitue ce qu'on appelle *l'égalité*; d'où il fuit que tous les hommes font naturellement égaux, quant aux droits qu'ils tiennent de la nature.

On peut par ces principes juger combien s'eft trompé Hobbes, en faifant confifter *l'égalité naturelle des hommes dans le droit de tous fur tout*. Comme la nature a *diftingué* tous les individus en leur don-

donnant un état phyſique *diſtinct* & *ſéparé*, elle a auſſi donné à chacun la propriété diſtincte & ſéparée des quatre eſpeces de biens dont nous avons parlé, & c'eſt de cette *diſtinction* que naît la notion de *droit.* Pour que chacun pût maintenir ſes droits, la nature a donné également à tous les individus le pouvoir de s'oppoſer par la force aux efforts de ceux qui voudroient les envahir.

Quand les Juriſconſultes diſent: *rendez à chacun le ſien*: ils entendent par ce mot *le ſien, tous les droits qu'il a*; d'où il paroit que c'eſt avec raiſon qu'on dit que ce qui appartient à un homme lui appartient, ou parcequ'il *l'a reçu en naiſſant*, ou par ce qu'*il l'a acquis.* Or on acquiert ou en occupant avec juſtice, ou parceque quelqu'un, qui en avoit le droit, en *a transféré la propriété.*

CCLXIV. Les idées de *droit & de devoir parfait*, ſont étroitement liées entre elles (263). C'eſt par là qu'on peut comprendre les regles ſuivantes ſi fécondes en conſéquences: *Le droit parfait entraîne avec lui un devoir parfait, de la part d'un autre, de ne pas s'y oppoſer.* Et réciproquement, *le devoir parfait prouve dans un autre un droit parfait.*

Car ſuppoſez pour un moment que ces axiomes ne ſoient pas généralement vrais; vous ſerez obligé de dire qu'il eſt permis d'uſer de la force pour faire tort à quelqu'un, & que celui à qui on le fait, peut auſſi repouſſer la force par la force; ce qui eſt contradictoire. Donc ces propoſitions ſont vraïes ſans exception.

CCLXV. Après avoir développé la notion de

M 5

droit

droit & de *devoir parfait*, il nous fera plus aifé d'expliquer celle que renferme le mot *Juftice*. Aris-
tote en diftinguant deux efpeces de Juftice, l'une
univerfelle, l'autre *particuliere*, a donné à ce mot
un fens plus vague. Mais il eft important à
caufe des mauvais effets que produiroit en pareille matiere une expreffion vague d'en déterminer le fens par une définition exacte. Les Jurisconfultes, lorsqu'ils veulent parler proprement,
définiffent la Juftice : *la conformité de nos actions
avec les loix qui prefcrivent des devoirs parfaits.*

D'où il paroit que la Juftice eft *une*, confidérée quant à fon effet, & qu'on ne peut la divi-
fer en *expletive* & *attributive.*

CCLXVI. S'il s'agit de la conformité des *actions intérieures* avec la loi, la juftice eft *intérieure.* Si on parle *des actions extérieures*, elle eft
extérieure. La définition qu'en ont donnée les
Anciens, en difant qu'elle eft *une volonté conftante
& perpétuelle de rendre à chacun ce qui lui eft du,*
ne convient qu'à la juftice *intérieure*, & non à
l'extérieure; & encore ne lui convient-elle que
prife au plus haut dégré. C'eft dans ce fens
qu'on peut dire qu'un homme que la crainte feule
porte à rendre à chacun ce qui lui eft du, fait des
chofes juftes, mais ne les fait pas *d'une maniere
jufte*, parceque de telles actions ne font pas faites par *des motifs nobles.* (197)

CCLXVII. D'après cette notion de la Juftice,
il eft clair que Carnéade s'eft trompé lourdement
en la traitant de *folie.* Ce qui trompe ceux qui
fe laiffent féduire par les fubtilités de ce Philofophe, c'eft l'équivoque du mot *utile.*

L'uti-

L'*utile* à proprement parler, est ce qui est propre à conduire à une bonne fin; & une fin est bonne, lorsqu'elle ne donne pas lieu à des regrets (10. 30).

Tous les hommes desirent d'être heureux, ce qui renferme le desir de la paix, de la sûreté. (129) Sans la justice, la paix est impossible (258. 263). Donc pratiquer la justice, c'est agir conformément au but qu'on se propose; & par conséquent se conduire avec sagesse.

D'ailleurs on ne desire d'être en société, que dans l'espérance d'y trouver plus d'avantages que dans la solitude. Or si on ne peut reüssir à y trouver la paix, envain y cherchera-t-on le bonheur. Otez l'espérance du bonheur, il ne restera plus aucun motif pour desirer d'être en société, & pour la conserver (130). Par conséquent sans la justice qui est la base de la tranquillité des états, la Société ne peut subsister. Ainsi quiconque desire jouïr des avantages de la Société, & se rit de la justice est un insensé qui prend les moïens opposés à la fin qu'il se propose.

Ces principes peuvent-ils s'appliquer à tous les hommes, même à ceux qui sont plus *forts & plus puissans* que les autres? Une observation rigoureuse de la justice ne porteroit-elle pas préjudice à ces derniers, surtout lorsqu'ils peuvent se procurer quelque grand avantage sans avoir rien à craindre? La loi naturelle qui prescrit une justice rigoureuse, n'est-*elle pas propre à rendre les hommes craintifs & rampans, en les faisant trembler devant les Dieux?*

La nature qui est bienfaisante pour tous les hommes, a disposé tout de maniere que les *plus puissans* ont intérêt que la justice soit observée.

De tout ce que nous avons dit, nous en tirons les conféquences fuivantes (166):

„ I. Jamais il ne peut être utile ni à la Société „ entiere, ni à aucun de fes membres de violer la „ juftice. ”

„ II. Ce qui eft jufte par fa nature, eft tel que „ toute la Société & chacun de fes membres ont „ intérêt de le tenir pour jufte. ”

CCLXVIII. On ne peut pas objecter que l'histoire contredit ces affertions, que fouvent l'injuftice triomphe, & que la juftice qui eft la reffource des foibles eft inutile aux forts & même leur eft à charge & incommode, lorsqu'elle s'oppofe à leurs paffions.

Nous accordons que fouvent la foibleffe des opprimés les empêche de réfifter à ceux qui les oppriment. Mais quel profit en revient-il aux méchants? Des richeffes, dira t-on, des honneurs, le thrône même. Mais tout cela ne peut par foi même être mis au rang des vrais biens, & il ne pourroit l'être qu'autant que la poffeffion ne deviendroit pas *une fource de vrais chagrins* qui furpaffent les *plaifirs préfens* (64).

Ceux qui font plus puiffans & qui font confifter *le droit dans la force*, peuvent-ils être affurés qu'ils feront toujours & en toute circonftance également puiffans? Ont-ils un moïen fûr pour n'être pas tourmentés par la crainte que ceux à qu'ils auront donné un fi mauvais exemple ne cherchent à fe venger & à les traiter de même, ou par les remords & la douleur que leur caufera la penfée du mal qu'ils auront fait? Comment fe fouftrairont-ils à cette penfée inquiétante, que l'état moral d'un homme injufte eft contraire à la

volon-

volonté bienfaisante du pere commun du genre humain? S'ils pouvoient réüssir à étouffer toutes ces craintes, tous ces remords, toutes ces inquiétudes, on pourroit convenir qu'ils font heureux, au moins tant que la fortune leur rit. Mais peut-on regarder comme heureux un état ou l'homme ne peut envisager les effets de son *injustice sans éprouver* le repentir (41. 54. 12)?

CCLXIX. En vain allégueroit-on *contre la Providence* les heureux succès de l'injustice. Souvent Dieu ne protege pas quelques personnes contre l'injustice, afin qu'elles mêmes n'en commettent pas. S'il paroît différer à la punir, c'est moins un délai qu'une aggravation de peine. La main de Dieu en frappant promptement le coupable, l'auroit ramené à de meilleurs sentimens. L'impunité devient alors un motif d'ajouter crimes sur crimes. Dans ce cas, c'est donc une grande punition que de ne pas être puni.

CCLXX. Nous n'exceptons pas de cette regle (267) les nations. La nature a établi un ordre constant pour conduire au bonheur (31). Il est le même pour un seul comme pour plusieurs, & pour ceux qui font en société (29). C'est pourquoi cet ordre ne peut être changé, quelle que soit la puissance d'un grand nombre d'hommes réünis sous un même empire (31). L'histoire n'est pas contraire à ce que nous avançons; car comme ceux qui gouvernent font les auteurs des injustices, c'est à leur fort qu'il faut principalement faire attention (268). Quel fruit, quel solide bonheur Alexandre & Attila, ces fléaux de l'humanité, ont-ils retiré de leurs brillans succès?

Les

Les peuples ne font pas à l'abri des fuites fâcheu-
fes d'une injuſtice commiſe ou tolérée par leurs
chefs. Souvent ils en reſſentent les triſtes effets
fans penfer à la vraïe caufe. En prêtant leur mi-
niſtere pour feconder l'injuſtice, ils ont impru-
demment fabriqué l'inſtrument de leur perte.

*Le Romain victorieux étoit maître de presque tout
l'Univers & n'étoit pas content.* Il attaque l'Orient
qui reçoit fes loix, & donne en échange à fon fier
vainqueur le luxe & l'efclavage.

*C'eſt ainſi que le nouveau monde vaincu ſe venge
ſur le champ de l'ancien ſon vainqueur.*

Tous les citoyens s'empreſſent d'offrir leurs
richeſſes & leurs bras *pour la gloire du prince & de
la Nation,* pour reculer les bornes de l'empire.
S'ils ont le malheur de réüſſir, quels fruit reti-
rent-ils de ce fuccès? Leur état devient pire
qu'auparavant, & le vainqueur les aſſimile bientôt aux nations vaincues.

SECTION VI.

De l'Equité.

CCLXXI. Nous avons vu que *l'utilité du genre humain* étoit le *principe de la
juſtice.* Peut être objectera t-on, qu'*un droit rigoureux* donne lieu à bien des inconvéniens, &
que fuivant une maxime vulgaire: *Un droit rigoureux eſt fouvent une grande injuſtice.* La chofe
mérite d'être difcutée; & il eſt à propos d'examiner comment la nature fixe les bornes de *la justice*

tice & de *l'équité*, de maniere que l'une & l'autre concourent à faire le bonheur de l'homme.

CCLXXII. Il eſt de l'intérêt de l'homme de conſerver un grand amour pour ſon ſemblable (103). Un effet néceſſaire de cet amour eſt de ne pas touّjours *faire uſage de ſon droit*. (130). Ainſi il s'en départira, pour un plus grand bien.

Cette diſpoſition qui nous porte à ne pas uſer d'un droit (262) s'appelle *équité*. Par conſéquent *être équitable ou travailler à ſon bonheur*, ſont deux choſes intimement unies par la nature.

L'*équité* priſe dans ce dernier ſens [car nous en indiquerons un autre (279)] conſiſte principalement à décharger les autres en ſe déſiſtant de ſon droit, & à ne pas les empêcher de travailler à ſe procurer des avantages qui leur ſont néceſſaires & qui nous ſont peu utiles.

Pour exprimer l'amour que le *Légiſlateur* & *l'interprete des loix* ont pour l'humanité, & leur attention à conſerver parmi les hommes l'égalité, on dit qu'ils ont de *l'équité*.

Le ſens de ce mot dans cette occaſion eſt un peu différent du nôtre, mais il ne lui eſt pas contraire (314).

CCLXXIII. Il ſuit de la définition de l'*équité* qu'il y a de la différence entre une demande à tître *de juſtice*, & celle qui eſt faite à tître d'*équité*. La premiere donne le droit d'employer la force pour obtenir ce qu'on demande: l'autre ne le donne pas. Il falloit un mot particulier pour exprimer le pouvoir ou la *faculté* qui repond au *devoir imparfait*. Celui de *mérite* ou d'*aptitude* employé par Grotius eſt trop vague. Il eſt d'uſage de défigner par le terme *de droit imparfait* la faculté de demander à quelqu'un, fans avoir recours à la force, ce qu'il ne peut refufer fans pécher contre l'amour de fon femblable prefcrit par la nature. On appelle *offenfe* la violation de ce droit.

CCLXXIV. Ce font les mêmes motifs qui nous portent *à l'amour de l'équité*, & aux actions dictées *par une bienveillance réciproque. La honte, le plaifir qui revient de l'action, la crainte de Dieu &c.* (102. & les autres paragr. jusqu'au 177) font des motifs qui nous engagent à obferver *la juftice & l'équité.* Le feul motif qui foit propre à la juftice eft *la crainte d'y être contraint.*

CCLXXV. Cette queftion - *Quand l'amour du prochain exige t - il que pour fon utilité nous nous abstenions d'ufer de notre droit, & que nous lui rendions fervice?* revient à cette propofition - cy : *Dans quel cas l'intérêt du genre humain, & par conféquent le nôtre demande t - il que nous faffions des chofes auxquelles nous ne pouvons être forcés, ou que nous nous abftenions de ce que nous pourrions faire fans bleffer les droits d'autrui?*
Appartenans à la Société comme une partie à fon tout, ne confidérons point ce qui nous fait plaifir pour le préfent, mais ce que le bien de la Société exige de toute perfonne placée dans les circonftances ou nous nous trouvons. Agiffons par ces motifs, & nous éprouverons que, fi cela ne nous caufe point un plaifir actuel, au moins un jour, felon le cours ordinaire des chofes, nous en retirerons quelque avantage (166). On risque moins de fe tromper fur ce qu'il convient de faire pour l'avantage d'autrui, fi on fait abftraction

tion qu'on y est soi même intéressé, & si on suppose que cela regarde une autre personne.

CCLXXVI. Plus l'usage de votre droit fera de tort, plus il y aura de personnes qui s'en ressentiront, plus il vous est aisé de prévoir cet effet, plus le sentiment de la perte que vous ferez en n'usant pas de votre droit, sera léger & d'une courte durée, plus vous avez de moyens de connoître qu'il y a peu à perdre: Plus aussi a t-on raison de vous demander de ne point user de votre droit, & plus on en auroit de regarder votre refus comme l'effet d'une opiniâtreté déraisonnable, de mauvaise humeur ou d'avidité.

Ne faut-il pas même faire des sacrifices très pénibles à l'avantage de la Société, & essuyer des pertes difficiles à réparer? Sans doute. Mais ce n'est point là l'objet de l'*équité* ; cela appartient à la noblesse & à la grandeur d'ame dont nous avons parlé (130. 139).

CCLXXVII. Voilà, dira t-on, les loix, *si non en contradiction, au moins en conflict* ; puisque la même loi, qui assure l'inviolabilité d'un droit, en défend l'usage. Il n'y a point d'opposition.

En même tems que la nature fait voir que l'équité est liée avec le bonheur de la Société, elle ajoute qu'il ne faut contraindre personne à être *équitable*, dans la crainte que la Société n'en souffrît plus que des plus grandes injustices. Ainsi il n'y a ni contradiction, ni conflict entre les deux loix suivantes. 1°. *Soïez juste; en faisant usage de votre droit, vous ne faites tort à personne.* 2°. *Soïez équitable.* On peut obéir en même tems à l'une & à l'autre.

CCLXXVIII.

CCLXXVIII. Pour éviter toute apparence de conflit ou de contradiction, il faut employer avec précaution ce raisonnement-cy : *vous devez faire telle chose, donc vous avez droit de la faire*; car il n'est concluant qu'à l'égard *des devoirs parfaits*; s'il s'agit d'un devoir *imparfait*, il n'eſt pas exact.

Lorsqu'on veut remplir un *devoir imparfait*, on ne peut pas forcer celui à qui on veut rendre ſervice de le recevoir. P. ex Un tiers ne peut pas forcer deux plaideurs acharnés l'un contre l'autre, à accepter ſa médiation.

Encore moins peut-on conclure de ce qu'on ſe doit à ſoi même en quelques circonſtances, le droit de forcer les autres à ne pas s'y oppoſer. Je ne crois pas qu'on doive admettre pour maxime, que *c'eſt léſer quelqu'un que de s'oppoſer à ſon bonheur*. Je crois qu'au contraire on peut dire que celui qui raiſonneroit ainſi agiroit contre ſon devoir c. a. d. contre la regle de ſon bonheur, qui ne lui permet pas d'attaquer ceux qui ne lui font point *de tort* (129). P. ex. vous vous devez à vous mêmes d'éloigner de vous les maux conſidérables, & c'eſt le devoir des autres de vous ſeconder, en vous accordant l'uſage des choſes dont vous avez beſoin & dont vous pouvez vous ſervir *ſans leur cauſer aucun préjudice*. Néanmoins il ne paroît pas que vous aïez droit de les forcer à faire ou à permettre *ce qui vous eſt utile & ne leur fait aucun tort*.

CCLXXIX. Jusqu'ici nous avons parlé de *l'équité* en tant qu'elle eſt diſtinguée de la *juſtice*; [Les Latins ne font pas toujours cette diſtinction]. L'Equité, priſe dans *cette premiere acception*, a lieu lorsque nous déſiſtant de nos droits, nous remettons à autrui ce qui nous eſt

eſt du, & nous *l'égalons* ainſi à nous mêmes. De cette premiere acception dérive *la ſeconde*. On appelle ordinairement *équitables*, ceux qui dans les *jugemens* qu'ils portent des actions des autres, dans leurs *bienfaits*, en un mot, lorsqu'ils rempliſſent des devoirs *imparfaits*, obſervent une certaine *proportion* ou *égalité* & donnent à chacun ce qu'il mérite. Par ce moïen ils *égalent* tous les hommes, quelque différence qui puiſſe ſe trouver entre eux. Ainſi l'*équité*, priſe dans ce ſens, n'eſt autre choſe que le ſoin de *proportionner au mérite d'autrui nos jugemens & nos ſecours volontaires* [c. a. d. ceux qui ne ſont pas ſuſceptibles de contrainte].

CCLXXX. Cette derniere eſpece d'équité eſt liée intimement avec le bonheur de la Société. Qu'on l'obſerve exactement dans les jugemens qu'on porte ſur les actions & les mérites d'autrui & dans la diſtribution de ſes bienfaits, la paix & la concorde ſeront plus affermies parmi les hommes ; on écartera les maux que produit la jalouſie ; chaque citoyen aura plus de motifs de rendre de vrais ſervices à la Société & ſera moins tenté de chercher, par des frivolités & des bagatelles, à s'inſinuer dans les bonnes graces du Prince & à capter les ſuffrages du public.

SEC-

SECTION VII.

De l'imputation des actions morales.

CCLXXXI. Après avoir exposé les regles que prescrivent les loix naturelles pour *diriger nos actions*, il nous reste à parler de celles qui servent à *juger de chaque action en parti-culier*. Ce jugement est désigné ordinairement sous le nom d'*imputation*.

Il est important d'avoir des principes sûrs & constans sur cette matiere, tant afin que chacun puisse en se jugeant soi même regler avec sagesse *son état moral pour l'avenir*, c. a. d. l'état qui doit résulter de ses actions libres, qu'afin de ne pas se tromper *dans le jugement qu'on portera des actions des autres*. Car l'erreur en pareil cas, en donnant lieu à de fausses observations, fait qu'on établit de fausses regles pour imiter ou rejetter les actions des autres, qu'on donne des conseils d'autant plus dangereux que celui qui est dans l'erreur les juge plus *équitables* à proportion de ce qu'ils le sont moins, & que le mal qu'ils causent est plus certain.

CCLXXXII. Quiconque veut juger si telle action *est conforme ou non aux regles*, doit savoir deux choses. 1°. Qui a fait l'action. 2°. S'il étoit obligé à la faire ou à ne pas la faire. Ainsi il y a deux sortes *d'imputation*. L'une, qu'on appelle *physique*, est un *jugement par lequel on déclare que telle personne a fait telle action libre*. L'autre qui est liée avec la premiere, & qui énonce le rapport de l'action avec le devoir ou l'obligation de celui
qui

qui agit, s'appelle *imputation morale.* Elle con-
fiste dans *un jugement sur la bonté ou la malice d'u-
ne action* c. a. d. *sur la conformité ou opposition d'u-
ne action avec l'obligation,* & par conséquent *avec
la loi qui renferme l'obligation.*

La moralité, comme s'expriment les Scholasti-
ques, n'est autre chose que ce caractere d'une
action libre par lequel on peut connoître comment elle est susceptible *d'obligation.* On peut la
définir en peu de mots : *le rapport d'une action libre avec une loi qui est liée avec le bonheur de celui
qui agit.*

CCLXXXIII. Quand on a jugé qui est *l'auteur
du fait,* & quel est *le rapport du fait avec la loi*
(282); quelques fois il arrive qu'on va plus loin;
on récompense l'action qu'on juge bonne, & on
punit celle qu'on croit être mauvaise. Quelques
fois aussi on se contente de savoir si elle est bonne ou mauvaise, de maniere qu'on s'en tient ou
à une approbation, ou au blâme, ou à accorder son amitié, ou enfin à diminuer l'estime qu'on
avoit pour l'auteur de l'action. La premiere espece d'imputation [dont nous voions un exemple dans les jugemens des Magistrats] s'appelle
efficace, & la seconde est *inefficace.*

CCLXXXIV. Il resulte de la définition de l'imputation morale 1°. que telle action, pour être
imputée, doit être libre; 2°. qu'on doit connoître l'auteur à qui on l'impute avec ses effets; 3°.
que, pour pouvoir juger de la bonté ou de la
malice de l'action, il faut être sûr qu'il y a obligation.

1°. La notion *d'imputation* suppose des *faits* ou

 des

des actions; [ce qui renferme aussi les omissions].
Mais on ne doit pas y comprendre l'omission des
actions qui sont au dessus des forces que Dieu a
données à l'homme. Toute action pour être im-
putable, doit être libre & telle que l'agent ait pu
prévoir les bons ou mauvais effets qui s'en-
suivroient, délibérer en conséquence, choisir & exécuter sa résolution. Il n'est pas nécessaire que, dans le tems de la détermination ou de
l'action, l'homme en ait *prévu* les suites bonnes
ou mauvaises, ou qu'après les avoir considérées à
loisir, il les ait pésées, il suffit qu'il ait pu faire
toutes ces choses. P. ex. Si quelqu'un a formé
le dessein de s'enivrer pour exécuter un parricide
médité, il ne peut échapper à l'imputation, quoi
qu'il ait commis ce crime dans l'yvresse.

Il arrive quelques fois qu'entre deux partis à
prendre, celui qui doit être préféré est contraire à notre caractere, à notre inclination domi-
nante; mais cela ne détruit point l'imputation,
parceque l'obligation ne cesse pas d'exister.

CCLXXXV. 2°. La notion *d'imputation mora-*
le suppose que celui à qui on impute l'action bonne ou mauvaise en est *l'auteur* [c. a. d. la *cause*
efficiente & *libre*]. C'est pourquoi les actions
des autres ne peuvent être imputées, à moins
qu'elles ne deviennent *propres*, pour ainsi dire,
à celui qu'on regarde comme la cause de l'action
d'un autre & de ses effets, & qui pour cela est
jugé plus ou moins digne de louange ou de blâme, de haine ou d'amour, de peine ou de récompense, à proportion de ce qu'il a eu part à l'action.
Autre chose est que les effets des actions d'un
autre s'étendent à ceux qui n'en sont pas coupables

pables, autre chofe eft d'imputer à ceux-cy, ce qu'ils n'ont pu ni faire ni empêcher.

CCLXXXVI. 3°. *L'imputation morale* n'a lieu que, lorsque celui à qui on attribue l'action a été obligé d'agir ou de ne pas agir. S'il étoit poffible que quelqu'un fût en équilibre entre deux partis, & qu'il lui fût impoffible de connoître lequel des deux a plus de rapport à fon bonheur, il n'y auroit point d'obligation pour lui, & par conféquent il n'y auroit point lieu à l'imputation. Mais fi cette impoffibilité eft *conditionelle* & non abfolue, s'il dépend de lui de lever la condition; alors il eft *obligé* (215), & par conféquent l'action peut lui être imputée. On peut juger par là ce qu'il faut penfer des actions qui proviennent *de l'ignorance des loix naturelles.*

Plus on a eu de liberté pour fe déterminer, plus le délai a été préjudiciable, plus auffi eft-on coupable d'avoir différé à pefer les motifs de part & d'autre. Car ce délai eft contraire au devoir & à l'obligation, furtout, fi la difficulté de fe déterminer vient d'une paffion enracinée qui empêche l'ame de s'appliquer promptement à la confidération des meilleurs motifs.

CCLXXXVII. Il ne fuffit pas à quelqu'un de s'excufer fur ce qu'il n'a pas eu intention de violer la loi, quand d'ailleurs il a pu connoître ce qui pouvoit l'empêcher de fe tromper ou fur la *loi*, ou fur le *fait* qu'il a comparé avec la loi. Car c'eft par fa faute qu'il a pris une fauffe regle de conduite pour la vraie, ou qu'il s'eft trompé fur les effets qu'il a cru devoir réfulter d'une action, & dont il auroit jugé autrement, s'il eut fuivi les

N 4

regles

regles de la probabilité. Par conséquent l'effet d'une action faite d'ailleurs fans mauvais deſſein, mais par une inadvertcene qui pouvoit & devoit être évitée, peut être imputé à celui qui a fait l'action.

CCLXXXVIII. Voici les regles qu'il faut fui-vre en cette matiere.

„ 1°. On peut imputer à quelqu'un tous les „ effets d'une action qu'il a ſu ou du ſavoir être „ mauvaiſe & contraire à la loi, ſoit qu'il ait „ prévus ces effets ou qu'il ne les ait pas prévus. "

„ 2°. Une action ne ceſſe pas d'être bonne, „ & ne perd pas de ſon prix, quoiqu'elle n'ait „ pas l'effet qu'il *étoit probable* de préſumer qu'el-„ le auroit, ou quand même elle auroit des effets „ mauvais *phyſiquement* qu'on ne pouvoit pas pré-„ voir, ou qui étant prévus, ne devoient pas empê-„ cher l'action. On a coutume de *juger des actions* „ *par l'événement*, mais cela n'eſt pas raiſonnable. "

CCLXXXIX. Comme nous ſommes obligés quelques fois à engager les autres à faire une action, ou à les aider, que d'autres fois nous de-vons, non leur donner du ſecours, mais les dé-tourner de telle action; c'eſt par les dégrés de cette obligation qu'on doit établir les regles ſur *l'imputation des actions d'autrui* (285).

Car toutes nos actions libres ſont déterminées par les motifs qui ſont préſens à l'ame, lors-qu'elle ſe décide. L'ame inclinée par les motifs à un parti, *ſe met en action* & continue à ſe por-ter de ce côté là, juſqu'à ce qu'elle ait exécuté ce qu'elle a réſolu.

C'eſt pourquoi ſi on préſente *des motifs effica-*

ces *d'agir* à quelqu'un qui n'y penſoit pas, ou
qui y faiſoit peu d'attention, ſi on ne détruit pas
ceux qui l'engagent à une action, ou ſi on ne
fait pas en ſorte que ſes efforts ſoient ſans ſuccès,
lorsqu'on le peut, & qu'on le doit, c'eſt prendre part à la mauvaiſe action. Contribuer en
quelque choſe à une action, ou ne pas l'empêcher, c'eſt en être en partie reſponſable.

P. ex, C'eſt conniver à une action, *que d'y ex-*
citer, *de la conſeiller*, *de la louer*, *de ne pas témoigner*
par ſes actions ou ſes paroles qu'on la désapprouve
ou même qu'on en eſt indigné, *parce qu'alors on a*
entretenu cette perſonne dans ſa réſolution, *au lieu*
de l'empêcher de la mettre à exécution.

C'eſt pourquoi l'action d'un autre peut avoir
deux cauſes efficientes, l'une *prochaine* qui eſt
celui qui fait l'action, l'autre *éloignée* qu'on appelle ordinairement *morale*. Celle-cy eſt regardée comme une ſeconde cauſe *des déterminations*
& de leur exécution, parcequ'elle concourt à les
former, à les appuyer, à les exécuter.

Quant à celui *qui approuve une action*, *lorsqu'elle*
eſt faite, on ne peut la lui imputer qu'autant
que, par ſon approbation, il ne fait pas ceſſer des
effets qu'il eſt obligé de faire ceſſer.

CCXC. Comme il y a plus d'une eſpece d'obligation, il y a auſſi plus d'une eſpece d'*imputation*.
Nous avons vu (256) en quoi les devoirs *par-*
faits diffèrent de ceux qui ſont *imparfaits*, & des
autres choſes que chaque homme ſe doit à ſoi
même. Par conſéquent il peut arriver qu'une
même action ne ſoit pas *imputée* comme injuſte
ou faiſant tort aux autres, quoiqu'elle ſoit très
repréhenſible parcequ'elle cauſe beaucoup de

N 5   maux

maux à la Société, ou la prive de l'acquifition d'un grand nombre de biens. C'eft ainfi, pour me fervir de cet exemple, que des loix données par celui qui n'a aucun droit fondé fur une convention expreffe ou tacite font des torts faits à la Société, quelque refpectable que foit le nom de Majefté, de loi, de bien public dont on les couvre. Par conféquent de telles loix n'obligent point, & il y a de l'injuftice à contraindre de les obferver, & à en punir l'infraction. Mais s'il s'agit de juger de la conduite de ceux qui refufent perfévéramment d'y obéïr, il faut fuivre une autre régle & comparer le refus avec la loi naturelle qui veut que, pour fon propre avantage & celui des autres, on fupporte des maux légers, quand on n'a d'autres moïens que la patience & l'obéïffance pour éviter de plus grands maux. Car alors le refus *conftant d'obéïr*, quoique jufte & fondé fur un droit, eft répréhenfible, parcequ'il eft nuifible à la Société. Ainfi il vaut mieux quelquefois fouffrir la *tyrannie* que d'attaquer le *tyran*. Les Romains agirent fagement de conferver les loix de Sylla; & Cicéron penfoit qu'il ne falloit pas anéantir tout ce qu'avoit fait Céfar.

CCXCI. Deux actions femblables faites par le même homme ou par plufieurs, ne font pas toujours fufceptibles du même dégré *d'imputation*. Les Stoïciens regardoient toutes les actions comme également bonnes ou également mauvaifes. Mais les anciens Jurisconfultes ont avec raifon réjetté cette opinion comme auffi dangereufe dans les tribunaux que dans la vie ordinaire.

La différence foit des effets qui réfultent des
actions

actions, foit des *motifs* qui les déterminent, prouve qu'il y a des dégrés dans la bonté ou la malice des actions morales. P. ex. les effets d'un vice font plus fâcheux à raifon de *leur nombre*, de *leur fécondité* [c. a. d. de *la fuite plus ou moins grande des maux qui naiffent les uns des autres*], & de leur *ftabilité*, c. a. d. de la difficulté de les réparer.

La perverfité de l'ame croît, à mefure qu'elle contracte un penchant plus ou moins vif pour ces excès, ou même pour de plus grands, & plus de hardieffe pour les commettre, felon que les effets de fa méchanceté font plus ou moins nuifibles au corps, & aux biens qui contribuent *à la perfection de l'état extérieur*, enfin à proportion du préjudice qu'elles *portent à l'efprit*, *au corps*, *ou à l'état extérieur de plus ou moins d'hommes*.

De plus fi une action eft faite par *un motif* plus ou moins noble, avec célérité ou avec négligence; fi on a oppofé aux obftacles une réfiftance foible ou courageufe, toutes ces circonftances relévent ou diminuent plus ou moins le mérite d'une action. Il n'eft pas peu important pour apprétier le mérite d'une action, de favoir fi elle a été produite par un mouvement fubit, ou fi elle eft l'effet d'une longue habitude de bien penfer, & de cette vigueur que la vertu donne à l'ame.

CCXCII. *L'imputation morale* exprime exactement *les dégrés de bien & de màl* qui fe trouvent dans une *action individuelle* (291). C'eft pourquoi il faut confidérer *l'action non feulement en elle même*, mais encore *relativement à l'état de celui qui agit*. La bonté ou la malice de fon action doit

doit s'eſtimer tant par le dégré de *l'obligation*, que par celui *de la liberté* qu'il a dans le tems de l'action.   P. ex. je ſuppoſe que quelqu'un ſe ſoit rendu coupable de rébellion.   Plus les ſuites de ſon crime ſont nombreuſes, importantes, durables, plus il a eu de raiſons probables ou certaines, & de facilité pour prévoir ces ſuites, plus auſſi mérite t - il que ce crime lui ſoit imputé. En outre, plus il a eu de moïens d'affermir ſon ame & de la prémunir contre l'impreſſion des motifs oppoſés à ſon devoir, par la penſée & la préméditation des effets qui réſulteroient de ſa révolte, de maniere que cette penſée demeurant préſente à ſon eſprit, il auroit pu par la vivacité de ſa lumiere toujours active réſiſter conſtamment aux motifs qui le pouſſoient au crime; plus les raiſons d'*imputation* augmentent.

La connoiſſance de la meſure exacte des raiſons d'imputation, jointe à celle des effets dont nous avons parlé (291) & l'uſage de cette connoiſſance procureront l'avantage de ne point ſe tromper dangereuſement ſoit dans la connoiſſance de ſoi même, ſoit dans les jugemens qu'on portera des actions des autres, & de ne point louer ou blâmer, donner ou retirer ſa confiance, craindre ou eſpérer ſans des motifs ſolides & raiſonnables.   Sans cette juſte eſtimation, il eſt impoſſible que *la juſtice & l'équité regnent dans la conduite de la vie, dans les jugemens, dans la confection des loix, & dans le gouvernement des Empires.*

CCXCIII. L'imputation eſt une *eſpece d'argument.   La loi* forme la majeure, *le fait* la mineure, & *le jugement ſur le rapport du fait avec la loi,* lòi, *c. a. d. fa conformité ou oppofition avec la loi*, forme la conclufion.

Quiconque connoit *les regles de l'argumentation* faifira facilement en quels cas la conclufion eft *vraïe* ou *fauffe* , *certaine* ou *incertaine, plus* ou *moins probable*, ou même *douteufe*. Celui qui veut faire une *imputation* trouvera dans la Logique des regles pour donner aux propofitions douteufes quelque probabilité, ou même de la certitude, fi elles en font fufceptibles ; cette fcience aïant pour objet d'*expliquer la maniere de découvrir & difcerner la vérité*, *&* *de l'énoncer d'une maniere diftinête.*

Mais tant que l'efprit eft dans l'incertitude fur le jugement qu'il doit porter des actions *d'autrui*, il convient de préférer le parti de la douceur & *qui fuppofe l'innocence*, à celui de rigueur & qui feroit capable de refroidir la bienveillance, la confiance & le defir d'obliger (102).

CCXCIV. Ou on juge de fes propres actions, ou de celles des autres. *Le raifonnement qu'on fait fur la conformité ou l'oppofition de fes actions avec la loi*, s'appelle *confcience*; car outre la fignification que nous avons donnée à ce mot (53), il fe prend auffi quelques fois pour *la faculté de juger fi nos actions font bonnes ou mauvaifes.*

Suivant cette définition, il y a autant d'efpeces de *confcience*, qu'il y en a d'*imputation morale*. (293).

Si la conclufion énonce la *conformité de notre action avec la loi*, la confcience eft *bonne*; elle eft *mauvaife*, fi la conclufion énonce le contraire. Quand cette conclufion eft vraïe, on dit que *la confcience eft droite*; au contraire elle s'appelle *erronée*

ronée, lorsque la conclusion est *fausse*. L'état de l'ame qui ne sait quel jugement porter, s'appelle *conscience douteuse* (55).

Avant l'action, la conscience est *antécédente;* l'accompagne t - elle ? elle est *concomitante.* Elle est *conséquente* après l'action.

L'habitude de rejetter, dans l'examen de ses actions, toutes les vaines excuses dont on est tenté de couvrir ses fautes, forme ce qu'on appelle la *conscience tendre.* La conscience *scrupuleuse* est l'état d'un homme qui, ignorant la loi, est continuellement tourmenté par l'inquiétude de savoir si une chose est permise ou non, & par la crainte de mal faire, lors même qu'il s'agit de choses licites.

La conscience qu'on appelle *gangrénée* est, à proprement parler, *un défaut de conscience* (53). Car elle indique une sotte sécurité qui ne veut pas se donner la peine de peser ses actions, & qui par conséquent ignore toujours la cause de ses maux.

CCXCV. Dans le cas ou l'on *douteroit de la bonté de l'action proposée, il faut s'abstenir de la faire, & rester dans l'état ou l'on est.* Car tant que l'esprit est en suspens, il ne voit aucune raison prépondérante pour changer son état actuel: il doit donc chercher des motifs plus probables pour se déterminer.

Mais il ne faut pas croire que l'autorité des hommes suffise pour rendre un motif probable, il faut encore savoir les raisons sur lesquelles ils se fondent; on peut aussi en trouver soi même qui soient plus claires & d'un plus grands poids.

La

La conscience peut être dans l'erreur ou sur le *fait*, ou sur le *droit*.

Ou celui qui est dans l'erreur, a fait une chose qu'il se croïoit obligé de faire, quoiqu'elle fut contraire à son devoir, ou il ne l'a pas faite. S'il ne l'a pas faite, il a évité, à la vérité, *les mauvais effets* qui, suivant le cours ordinaire de la nature, devoient en être la suite; mais aussi il a prouvé qu'il étoit un esprit *légér*, *dépravé*, & qui *tient plus à son plaisir qu'à ses devoirs*. Si c'est par persuasion qu'il a fait une action défendue par la loi; il n'en est pas moins cause des mauvais effets qui en résultent, il a un juste sujet de se reprocher d'avoir manqué à son devoir, & il est impossible qu'il ne se fasse ce reproche dès qu'il *connoîtra son erreur*, *& verra qu'elle n'étoit pas invincible* (41). Car quoiqu il n'y ait point en lui *de mauvaise* foi, ou *de dessein d'agir contre la loi*, il n'est cependant pas exempt de faute (287)

CCXCVI. Supposé que la *Société souffre réellement* de l'erreur d'un de ses membres qui agit conformément à l'opinion qu'il a de son devoir; Que fera t-elle? Tolérera t-elle le mal qui peut en résulter? Ou le réprimera t-elle?

Si la chose est possible, elle éclaircra cet associé; & si elle ne l'est pas, elle fermera les yeux sur une erreur de peu de conséquence, au lieu de sévir en suivant l'usage rigoureux de la discipline militaire. En s'opposant à une erreur dangereuse, elle ne *s'écartera pas d'une défense juste & nécessaire* (150).

Toute Société qui a le droit *de punir*, parceque les associés ont pu s'y soumettre, & s'y sont

réel-

réellement foumis, à par conféquent le droit de
réprimer par des *peines* les effets d'une erreur qui
tendroit à ébranler les fondemens de la Société.
Ces peines doivent être proportionnées au tort
que la *Société fouffriroit, fi on ne s'y oppofoit pas ,*
& à la faute que commet un affocié qui n'évite
pas l'erreur , ou au moins *les effets extérieurs*
d'une erreur qu'il auroit pu vaincre.

Le *fanatique* eft un furieux qui croit faire une
action *fublime & digne de la gloire éternelle* en por-
tant la main fur fon Roi, fous prétexte qu'il n'a
pas la même religion.

Il lui étoit facile de s'éclairer en réfléchiffant
fur le pacte de la Société ; & fi la Société ne lui
convenoit pas, il pouvoit la quitter. Mais il ne
confulte que fa fureur, & n'héfite point à trem-
per fes mains dans ie fang de fon Roi   La Société dont il eft membre eft forcée d'oppofer fon
jugement à celui de ce fanatique, qui tend à la
bouleverfer.   Elle lui inflige des peines capables
d'intimider quiconque dans la fuite voudroit tenter un fi exécrable forfait.

SECTION VIII.

Du Droit naturel & de fes différentes parties.

CCXCVII. Nous avons vu que parmi les actions qui font imputées, il y
en a qui font *juftes*, d'autres qui font non pas
injuftes, mais contraires cependant à un devoir
(256). Il eft d'autant plus utile de traiter fépa-
rément

rément des actions justes, & de recueillir les loix que la nature a établies pour ces actions, qu'il est plus dangereux pour les particuliers & pour les peuples de confondre les limites de la justice & de l'équité.

C'est pourquoi nous avons distingué *le Droit Naturel* des autres *parties de la Philosophie Morale,* non qu'il y ait entre elles & le droit naturel quelque opposition, ou qu'elles ne s'accordent pas parfaitement avec lui, mais parcequ'il est de l'intérêt du genre humain que les Philosophes, en suivant les traces de la nature, distinguent ce que la nature elle-même distingue par des *effets* & des *motifs différens.*

CCXCVIII. Nous nous sommes assez étendus sur la *science de la vertu,* ou plutôt sur la science qui *apprend à trouver son bonheur dans la pratique de la vertu, & à laquelle on donne le nom de Morale* (231. & seq.). Comme elle explique distinctement *l'origine des loix naturelles & leur liaison avec le bonheur que Dieu a destiné au genre humain;* de même on peut définir *le droit naturel, la collection des loix naturelles, touchant les droits & les devoirs parfaits des hommes* (285).

Ulpien définit *le droit naturel,* ce que *la nature apprend à tous les animaux.* Mais cette définition ne renferme qu'une partie des droits parfaits. Cette maniere de conclure des regles de conduite *du rapport des instincts des animaux avec ceux de l'homme,* n'est pas sans danger, il n'est pas toujours sûr de l'employer. Les Jurisconsultes l'ont empruntée des *Stoïciens.*

 CCXCIX.

CCXCIX. Ce mot, *Droit naturel*, fignifie quelque fois une *Science*; & dans ce cas, c'eft la fcience *qui fait connoître diftinctement les droits & les devoirs naturels parfaits*; ou fi on aime mieux, c'eft la fcience qui déduit d'une maniere démonstrative, *l'origine & la totalité des devoirs & des droits naturels parfaits, de leur néceffité pour maintenir la paix & l'union dans la Société.*

Elle renferme une *partie* des loix naturelles. Par conféquent tout ce que nous avons dit de leurs propriétés *générales* (220 & fuiv.) appartient également au droit naturel.

CCC. Si on demande une premiere propofition *qui foit le fondement des loix qui conftituent le Droit naturel* (242), nous croïons que celle qui fuit renferme cette condition. *Dirigez toutes vos actions libres de maniere qu'elles s'accordent avec le repos & la tranquillité du genre humain*, ou qu'elles n'y foient pas oppofées. Cette propriété eft évidemment vraie, puisqu'il y a une liaifon néceffaire entre la *tranquillité & le bonheur du genre humain.*

De ce principe découlent les axiomes fuivans:

1°. *Tout ce qui trouble le repos de la Société eft défendu par le Droit naturel.*

2°. *Toute action dont l'omiffion troubleroit le repos du genre humain, eft du nombre des devoirs prefcrits par le droit naturel* (229).

3°. *Ce qui ne trouble pas le repos de la Société, eft cenfé permis par le Droit naturel.*

Par conféquent 1°. *toute doctrine qui tendroit à troubler le repos de la Société, eft contraire au droit naturel;* 2°. les actions que nous appellons liciter

ter font celles qui ne font point foumifes au pouvoir coactif de la Société, quoiqu'elles foient nuifibles à celui qui les fait, ou à la Société (290), & qu'elles foient mêmes des vices déteftables.

CCCI. On voit par là, combien il y a de liaifon entre *les fondemens de la Morale*, & ceux *du droit naturel*, & entre *la connoiffance de l'un & de l'autre*. Mais on voit auffi ce qui les diftingue.

La Morale embraffe tout ce qui contribue au *bonheur de l'homme*, entant que *la raifon & l'expérience* peuvent le lui faire connoître. Le droit naturel n'envifage qu'une partie du bonheur & le confidére à part, entant qu'il confifte dans la confervation du *repos & de la paix*. La premiere tend à reformer l'homme en lui apprenant *à bien-faire*, & *à vivre content*; le fecond a pour but d'empêcher *les actes extérieurs* qui pourroient nuire à la Société. Celuy-cy fe borne à indiquer à l'homme fes devoirs parfaits, l'autre va plus loin en lui infpirant de travailler pour être utile à la Société. La Morale impute les effets *éloignés* des mauvaifes actions, lorsque celui qui en eft l'auteur auroit dû les prévoir, ou comme *certains*, ou comme *probables*, ou comme *poffibles*: (288) Le droit naturel n'impute les effets *prochains* que, lorsqu'il s'agit d'eftimer le tort qui en refulte pour la Société. L'une, par l'appas du plaifir, attire l'ame à la vertu; l'autre déconcerte par la terreur les injuftes projets, & fait confifter la premiere récompenfe de celui qui s'abftient de commettre des injuftices, à ne pas craindre d'être forcé malgré lui à faire fon devoir. (274).

O 2

CCCII.

CCCII. Le droit naturel a deux parties (298). La premiere renferme le *droit qui appartient à l'homme en naiſſant:* la ſeconde, ce qui lui appartient à *titre d'acquiſition* (263). Le droit qui appartient à l'homme en naiſſant s'appelle *droit naturel abſolu*, & celui qu'il a acquis s'appelle *droit conditionel*. Les deux droits peuvent ſe rapporter à *quatre préceptes* qui tous tendent à empêcher qu'on ne viole les quatre eſpeces de droits dont nous avons parlé (269).

La nature étant la même, dans tous les hommes, ainſi que le deſir naturel du bonheur, & l'ardeur à défendre leurs droits , il s'enſuit que *les droits naturels de tous les hommes ſont égaux.* Cette égalité n'eſt point détruite par la différence de *religion*, par l'inégalité des *richeſſes* & de *l'eſprit*, ni par la diverſité des *inclinations*.

Outre l'inégalité qu'une *acquiſition légitime* met entre les hommes (263) à l'égard de leurs droits, les *conventions*, ou des *actes illicites*, par lesquels les uns uſurpent ſur les autres, peuvent introduire de l'inégalité entre eux.

L'inégalité fondée ſur les conventions, n'eſt que ce que les contractans ont pu vouloir, & ont voulu la faire (304). Par conſéquent en tant que les hommes n'ont pu ſe dépouiller de leur liberté naturelle, ou qu'il y a des droits auxquels ils n'ont pas formellement renoncé , l'égalité ſubſiſte à cet égard.

Si l'inégalité eſt fondée *ſur des actes illicites*, elle ceſſe; l'égalité renaît, ſi tôt que celui à qui on fait un tort actuel , ou à qui on en a fait un, eſt venu à bout de contraindre par la force l'uſurpateur ou à une reſtitution ou à une ſatisfaction.

Ainſi

Ainsi, par la loi de la nature, tout homme qui a l'usage de raison ne peut, sans injustice, être condamné à subir des peines, à moins qu'il n'en ait donné le pouvoir à quelqu'un par un consentement *exprès* ou *tacite.* La définition *du citoien* montre qu'il n'est dans ce cas que par son consentement.

CCCIII. De ces principes, il suit clairement 1°. que l'on ne doit pas comprendre sous le nom de droit naturel, ce qu'un long usage a fait passer en droit; 2°. que c'est se tromper étrangement de penser avec quelques Anciens & surtout avec Hobbes que le juste ne differe pas de l'injuste par sa nature, mais que cette différence est l'effet d'une convention, par conséquent qu'avant toute convention, il n'existoit aucun droit. Dans ce systême tous les hommes ont un *droit égal* de faire ce qu'ils veulent, pourvû qu'ils soient persuadés que cela leur est nécessaire pour vivre agréablément. D'où on conclut que la volonté des chefs de la Société est la regle du juste & de l'injuste; qu'il faut leur obéir aveuglément, & qu'ainsi un homme ne peut faire tort à un autre qu'autant qu'il y auroit entre eux une convention, & que l'un ou l'autre manqueroit de l'observer.

Nous avons vu (263) que le droit *de tous sur tout* étoit opposé à l'égalité que la nature a établi pour le bien de la paix & le bonheur de tous les hommes. Il est faux que la nature n'ait mis d'autres bornes aux droits de l'homme que celles de ses passions. Elle n'a pas laissé à la volonté de chacun de déterminer ce qui lui con-

 vient;

vient ; elle a établi par des loix fixes & immuables ce qui convient ou ne convient pas à tous & à chacun en particulier. (29. 166.) Il y a donc un droit antérieur à toute convention, lequel eft affigné par la nature à chaque individu, & auquel répond, de la part des autres, l'obligation de ne pas violer ce droit, ou s'il le violent, celle de fouffrir que celui qui eft léfé employe la force pour les réprimer & les contraindre de lui donner fatisfaction.

Enfin s'il n'y a pas de droit antérieur aux conventions, il ne peut pas y en avoir en vertu des conventions. Car pourquoi doit-on les tenir ? N'eft-ce pas parce qu'en les violant, on va contre le droit d'autrui ? Si la nature a donné à chacun le droit de faire ce qu'il veut, quelque foit le tort qui peut en réfulter pour les autres, le traité par lequel on renonce à ce droit eft contraire à la nature : par conféquent on eft difpenfé de l'obferver.

Hobbes dit : on a voulu fe lier ; & moi je lui réponds qu'on ceffe de le vouloir. C'eft, reprend-il, être en contradiction avec foi même, & il y a dans une telle conduite de l'abfurdité. Mais n'eft-il pas plus abfurde d'obferver un traité dont on fe repent que d'avouer fon erreur & de s'affranchir de la convention. La foi des traités ne fauroit fubfifter, fi elle eft établie fur un fondement fi ruineux ; *la juftice* tombe avec elle, dès qu'on ne la fonde que fur les conventions : par conféquent il n'y aura d'autre droit entre les hommes que *la volonté du plus fort.*

CCCIV. Dans la fphere du droit naturel (299) font compris *tant les droits que les devoirs parfaits*

Cont-

communs à tous les hommes.   Les premiers renferment ce que *le droit naturel permet*, & les feconds, ce qu'*il ordonne*.

Quand on dit communément que *le droit naturel* confidéré comme *ordonnant* [ou autrement
que les *préceptes du droit naturel*] font immuables,
& qu'il n'en eft pas [de même] *du droit naturel confidéré comme permettant quelque chofe*, cela ne
fignifie autre chofe, fi non que perfonne ne
peut fe difpenfer d'un devoir parfait, mais qu'on
peut en être difpenfé par le confentement de celui qui eft intèreflé à en exiger l'accompliffe-
ment, pourvû toutes fois qu'il puiffe donner ce
confentement.

Quiconque renonce à fon droit déclare par là
qu'il ne veut pas faire ufage du droit qu'il a de
réfifter par la force à celui qui le viole, & de
contraindre quelqu'un à faire ou à ne pas faire
certaines chofes.   C'eft de cette maniere que
chacun peut faire qu'un *droit plein* devienne
moins plein (273), *& qu'un devoir imparfait* devienne *parfait*.

Quand on demande jusqu'à quel point on
peut renoncer à fon droit, &*quel tort on* fait à
celui à qui on l'a cédé, lorsqu'on veut le reprendre, ou qu'on prétend n'être point obligé à ce
qu'on a promis ; cela revient à cette queftion :
à *quels droits la loi naturelle nous permet elle de
renoncer ?*

Toute renonciation eft permife dès qu'elle ne
renferme rien qui foit diamétralement oppofé au
but que la nature s'eft propofée en diftinguant
les droits des hommes, & en leur donnant le
pouvoir de fe maintenir par la force. (258. 259).
Ce but eft le bonheur du genre humain.   On

O 4

peut

peut renoncer à fon droit fans donner atteinte à fon bonheur , toutes les fois *que la violence qu'on confent à fouffrir peut avoir fon effet ,* (259). *& toutes les fois qu'on renonce à un droit acquis.*

La renonciation *au droit inhérent à la nature de l'homme,* de défendre fon corps & la liberté n'eft pas toujours contraire aux loix de la nature; Elle oblige rigoureufement celui qui y a confenti, lorfqu'elle peut être utile à la Société, mais elle eft contre nature & n'oblige point, lorfqu'elle a pour but de le livrer, fans aucune utilité pour la Société, à la cruauté, à la méchanceté, & au caprice d'un autre homme.

SECTION IX.

De la Jurisprudence naturelle, de fa perfection, de fon ufage dans l'étude du droit des gens , du droit public & particulier , dans la Science de la Legislation, & dans la Politique.

CCCV. On peut juger par la théorie de *l'imputation* [Sect. 7.], combien il y a de différence entre connoitre la loi, & l'appliquer avec juftelle aux faits.

La difficulté de cette application a deux caufes. La premiere vient de la *nature du fait* qui peut être tel qu'on foit embarraffé de favoir à
qu'elle

quelle loi il peut fe rapporter : la feconde, de ce qu'il n'eft pas aifé *de connoitre la vérité du fait ,* quoique d'ailleurs, s'il étoit prouvé, on tache à quoi s'en tenir fur le jugement qu'on doit en porter.

Peu de perfonnes naiffent avec un efprit affez pénétrant pour faifir facilement le vrai. *La méditation & l'exercice* font le moïen ordinaire de l'acquérir , & le feul capable de le perfectionner.

On contractera par ce moïen *l'habitude de juger de la juſtice ou de l'injuſtice d'une action par la connoiſſance diſtincte du droit naturel.* Cette habitude s'appelle *Jurisprudence naturelle.*

La Jurisprudence étoit chez les Anciens la *Philoſophie appliquée à la connoiſſance ſolide & diſtincte du juſte & de l'injuſte.* La définition qu'en donne Pythagore ; lorsqu'il l'appelle *la connoiſſance des choſes divines & humaines ,* paroît indiquer qu'il la regardoit comme une partie de la Philofophie. En fuivant l'efprit des Anciens, on pourroit définir la *Jurisprudence naturelle ,* cette partie de la Philofophie qui *a pour objet la connoiſſanee de ce qui par ſa nature eſt juſte ou injuſte.*

CCCVI. *Bien juger* des actions individuelles, & le faire avec *facilité ,* telle eft la bafe de la perfection en ce genre. L'objet de cette partie de la Philofophie eft de favoir diriger foit fes propres actions , foit les actions d'autrui , ou au moins, de déterminer pour chaque circonftance, ce que les autres doivent fouffrir, faire ou ne pas faire & ce dont ils font refponfables. On peut avancer par dégrés vers cette perfection. Plus

la

la connoiffance qu'on a de tous les préceptes du droit naturel eft claire & étendue, plus on a acquis de facilité de comparer avec ces préceptes une plus grande multitude de faits compliqués, plus le jugement qu'on en porte eft prompt, exact & certain, plus alors la fcience de la Jurifprudence naturelle eft parfaite.

CCCVII. A une connoiffance diftincte *du droit naturel* qui fait partie de la Morale, il faut joindre les moïens qui fervent à augmenter *la fagacité & la pénétration*, & à donner une plus grande *préfence d'efprit*.

On acquiert de la *fineffe & de la fagacité* en comparant fouvent avec les loix naturelles les faits qui font le fujet des conteftations, foit dans la Société, foit dans le Barreau, foit même entre les Nations. Rien ne contribue à former comme la fociété des hommes qui s'occupent des affaires publiques, & la lecture de leurs écrits.

Le feul moïen de conferver ou augmenter *la préfence d'efprit* fur un cas particulier, eft d'éloigner ce qui peut diftraire l'ame & détourner fon attention du vrai point de la queftion. Il faut mettre au nombre des chofes qui détournent l'attention, la trop grande précipitation, les préjugés, les mouvemens trop violens excités dans l'ame par une fotte vanité qui ne veut pas convenir de fes torts, par la faveur, la haine, l'envie, la crainte, le caractere.

Le caractere furtout, fuivant qui il eft porté à la douceur ou à la févérité, peut influer fur les jugemens d'un homme dans la Société: ou mê-

même, lorsqu'il s'agit de rendre la juftice, de manière qu'il se faffe une équité arbitraire qui renverfe le droit, ou qu'il perde de vüe cet ancien axiome: *Une juftice trop rigide devient fouvent injufte par fa rigueur même & eft une grande vexation.*

CCCVIII. Si l'on veut favoir combien il eft important de s'appliquer à l'étude de la Jurisprudence naturelle, il faut en juger par les maux qui font la fuite de fa négligence à cet égard. *Tous les jours* on s'expofe à de très grands inconvéniens en prononçant fur les actions des particuliers, & même fur celles de ceux qui gouvernent, fans diftinguer ce que prefcrit la juftice d'avec ce que dicte l'équité.

Il faut fur tout que la connoiffance du droit naturel précéde *l'étude du droit divin renfermé dans la Révélation.* Car, pour raier du nombre de nos devoirs ceux qui n'en font pas , pour en rétablir & appuyer d'autres qu'une main téméraire auroit retranchés, enfin, pour connoître *les vrais droits & les devoirs de l'Eglife* , il eft d'une très grande importance de confulter la nature qui eft auffi l'interprete de la volonté de Dieu.

CCCIX. Les droits volontaires [*pofitifs*] c. a. d. tant celui des particuliers que le droit des peuples, font appuyés particuliérement fur la bafe ferme & folide du droit naturel. Or ces droits font communs à toutes les Nations ou propres à une feule. Les premiers s'appellent le *droit des Gens*; les feconds font connus fous le nom de *Droit civil.*

Le

Le droit des Gens ou renferme *les droits &* *les devoirs parfaits* communs à toutes les Nations, ou fimplement ceux dont font convenus plufieurs peuples entre eux. Dans le premier cas c'eft le droit des Gens *naturel* [éternel, primitif]; dans le fecond, c'eft le dioit des gens *volontaire* [pofitif; fecondaire] par ex. *le droit des Gens Européen.*

Le droit naturel oblige également & *tous les peuples* & chaque homme en particulier. Car quelque foit le nombre ou la force des hommes qui forment une Société, ils ne peuvent changer l'ordre de la nature laquelle a déterminé d'une manière invariable ce qui eft utile ou nuifible à la Société, & les loix qui dérivent de cet ordre. La nature feroit en contradiction avec elle même, fi elle permettoit à des milliers d'hommes réünis des actions qu'elle défend aux particuliers, car le mal qui réfulteroit du dernier cas feroit bien moindre que dans le premier.

Il faut donc convenir qu'il exifte un droit fixé par la nature lequel oblige les peuples & les particuliers; ce qu'Epicure a témérairement contefté. Dans la paix ou dans la guerre ce droit doit être facré, même pour ceux qui font policés, lorsqu'ils traitent avec ceux qui ne le font pas. Il eft le rempart le plus ferme de la liberté & de la fûreté de toutes les nations. *Abandonner la juftice, c'eft brifer les Sceptres.*

CCCX. Le droit des gens volontaire eft l'effet d'une convention expreffe entre les nations ou une fuite de leurs ufages, ce qui équivaut à une
con-

convention tacite; ainfi il eft propre à ceux qui ont formé la convention. Comme le droit ci-vil, le droit volontaire peut fe changer par le confentement général des Nations. On ne peut pas douter que la connoiffance n'en foit nécef-faire, puisque c'eft par ce droit qu'on doit déci-der les affaires qui intéreffent les nations de l'Eu-rope, la paix & la guerre.

Pour établir le droit des gens volontaire, & le démêler foit des réglemens abufifs qui ne peu-vent jamais paffer en loi, foit des règles que dictent *la décence & l'humanité*, il eft neceffaire d'avoir une connoiffance approfondie de l'hiftoire moderne & du droit naturel.

Le droit *de rétorfion* eft une partie du droit des gens. Jusqu'ou la rétorfion eft-elle *néceffaire?* c'eft une queftion de fait. Quand eft-elle *per-mife?* c'eft un point de droit naturel.

CCCXI. Le droit civil (309) eft ou *public* ou *particulier: Le droit public* eft l'affemblage ou la fcience *des loix qui déterminent les droits & les de-voirs parfaits réciproques du Souverain & des Sujets.* On le divife en droit *général* & *fpécial.* L'un & l'autre font fondés fur *des conventions.* Le pre-mier eft renfermé dans *la nature ou l'effence de toute cité ou affociation* [Etat, ou peuple]. Le fecond eft un *effet de la convention faite par les membres d'une Société particuliere.*

Tout ce qui regarde le *droit public fpécial* doit être interprété, éclairci, fortifié par la loi na-turelle qui regle le droit public général.

C'eft par la loi naturelle qu'on doit décider plufieurs queftions épineufes & importantes qui rarement fe trouvent décidées par écrit fur les

re-

regiſtres ou ſont conſignées les conventions des Princes avec leurs Sujets, & qui ſont comme le code *du droit public ſpécial.* P. ex. Quand eſt-il permis aux particuliers, aux Corps, au Peuple entier de ne pas *obéir?* Quand peut-on légitimement emploïer les remontrances, la force, les armes pour réſiſter au Souverain ? Quelles ſont les marques diſtinctives auxquelles on peut, ſans ſe tromper, reconnoître le *Tyran?* A qui appartient-il de *prononcer* ſur ce dernier article ? Quel eſt le cas ou l'on eſt coupable du crime de leze-Majeſté ou de crime d'Etat ? Qui ſont ceux qu'on doit regarder comme rébelles? Quand eſt-ce qu'on porte trop loin les prérogatives de la liberté? ou bien quand le ſouverain la gêne t-il trop? Quelles ſont les bornes ou doit s'arrêter celui qui commande ? Quel eſt pour les Sujets le terme de la patience & de l'obéïſſance?

CCCXII. Outre les loix politiques qui reglent la forme du Gouvernement, il faut aux Sociétés des loix civiles qui dirigent les actions des individus au bien public, de la maniere la plus convenable à leur inſtitution.

Ces loix doivent ou déterminer & aſſurer les droits réciproques des citoïens, ou impoſer à chacun des devoirs, dont l'obſervation tende plus à l'avantage public qu'à celui des particuliers, & dont l'infraction nuiroit directement aux individus. Ces dernieres loix ſont proprement les loix *municipales.*

On entend ordinairement par *droit civil particulier* l'aſſemblage, ou autrement la ſcience des loix civiles qui déterminent les droits & les devoirs parfaits des *particuliers comme citoïens.*

C'eſt

C'est l'affaire du *Jurisconfulte* de donner une *interprétation exacte* de ces loix : mais, pour les inventer ou les appliquer facilement & avec justeffe aux cas particuliers, il faut des lumieres fupèrieures à celles du fimple Jurisconfulte.

On peut confidérer la Jurisprudence particuliere fous deux points de vûe. Car, ou il s'agit d'examiner s'il *faut établir, corriger ou abroger un droit particulier*, & cet examen eft du reffort *du droit public*; ou il s'agit d'expliquer le droit *particulier reçu* & d'en faire ufage pour fe garantir, ou pour abfoudre, ou pour condamner quelqu'un. On pourroit donc définir la *Jurisprudence particuliere* prife dans un fens plus étendu: *une facilité de pouvoir donner de bonnes loix à une cité, ou de les appliquer, par la connoiffance diftincte qu'on en a, à la décifion des cas qui fe préfentent.*

Le premier & le folide fondement de la Jurisprudence, entant qu'*elle a pour objet l'explication des loix & leur application aux faits*, eft le *droit naturel.* Ce droit ne regarde pas feulement l'état *naturel* de l'homme, c. a. d. [l'état des hommes qui ne font pas dans la Société civile] quoiqu'en le reftreignant à cet état, il pût être très étendu, mais il convient encore à tous les états de l'homme. Il eft fait pour *l'homme*; par conféquent il oblige auffi *l'homme* comme *citoïen*.

Il eft le nerf des loix civiles. Par lui on fupplée à ce qu'elles ne difent pas; il dirige ceux qui font chargés de les interpréter. Il éclaircit les doutes: il contribue à donner & à augmenter l'art de juger fainement des faits.

1°. Les peines que les loix civiles prononcent contre les infracteurs ne font pas toujours capables de les réprimer. *Un homme,* dit Seneque,

qui

qui ne seroit honnête homme qu'autant que la loi l'y force, ne donneroit pas une grande idée de sa vertu. Pour que les loix aient leur effet sur ceux qui n'ont rien à craindre, ou, comme on le dit ordinairement, pour qu'*elles obligent en conscience*, elles ont besoin d'emprunter le secours du droit naturel.

2°. *Le droit naturel supplée à ce qui manque au droit civil écrit ou non écrit.* Il est absolument essentiel pour ce dernier, (qui ne tire sa force que de l'usage) soit qu'il s'agisse de donner des regles pour prouver ce droit, soit qu'il s'agisse de savoir jusqu'où la coutume peut faire loi ou déroger aux loix.

D'ailleurs il est évident que les *loix écrites* ne peuvent pas tout dire; il est donc absolument nécessaire que les juges aient recours à la *source de tout droit particulier*, c. a. d. au droit établi par la nature pour y trouver un guide sûr dans leurs jugemens en matiere *civile* & surtout en matiere *criminelle*, lorsqu'il s'agit d'*informer contre les délinquans, & de décerner des peines contre eux.* C'est pourquoi Ulpien appelle, avec raison, *droit commun*, ce droit qui supplée à ce que ne disent pas *les loix civiles.*

CCCXIII. De cette derniere proposition: le droit naturel est *le droit commun* de toute Société (312) suit cette regle-cy: *Ce que la nature déclare être juste, doit être réputé tel dans toute Société, & censé permis, à moins qu'une loi expresse ne l'ait déclaré nuisible à la Société, & ne l'ait défendu.*
Supposons p. ex. que les loix civiles ne déclarent point, si, pour secourir un parent, un voisin ou un étranger qui est en danger de perdre la vie, il est permis d'employer la force, & mê-
me

me d'aller jusqu'à tuer un injuſte aggreſſeur,
lorsqu'il n'y a pas d'autre moïen de délivrer celui
qui eſt attaqué.   La nature a donné ce droit à
tous les hommes.

Il n'en faut pas d'autres preuves que la com-
paſſion & le ſentiment d'humanité qu'excite le
danger où ils voient leurs ſemblables. La loi civile d'ailleurs ne le défend pas.   C'eſt donc une
action juſte de ſecourir ſon ſemblable; & quiconque ſeroit pourſuivi en juſtice pour un pareil
fait, doit être déchargé.

CCCXIV. L'*équité* qui eſt, à proprement parler, diſtinguée de la *juſtice* (272. 279), l'équité, dis-je, d'un *juge*, d'un *interprete de la loi*
conſiſte à trouver dans l'eſprit du Légiſlateur,
ce qu'il n'a pas énoncé dans la loi (315).

Elle ne conſiſte pas, [comme le penſent mal à
propos quelques perſonnes] à adoucir la ſévérité
évidente de la loi, ou à interpréter *favorable-*
ment ſon ſilence, au préjudice d'une des parties.

Il n'appartient pas au Juge d'abroger une Loi
injuſte à moins que le Prince ne lui en ait ac-
cordé la permiſſion, mais il doit en expoſer au
Prince les inconvéniens.   Or, pour réüſſir à convaincre le légiſlateur, il faut avoir une notion
préciſe & exacte de ce qu'on appelle *équité*.

Impoſer aux plaideurs, comme un devoir rigoureux, ce qui n'eſt qu'un devoir d'honnêteté &
d'humanité, c'eſt perdre de vüe & même aller
contre la fonction du Juge & de l'interprete de la
loi, c'eſt faire une choſe d'un dangereux exemple, c'eſt aller contre la loi naturelle qui nous apprend qu'il eſt nuiſible à la Société d'employer
la contrainte en pareil cas.   C'eſt enfreindre la

loi

loi civile qui ne donne pas au Juge le pouvoir de s'écarter de ce que preſcrit le droit naturel. Tel ſeroit p. ex. le cas d'un Juge qui forceroit les parties de tranſiger, qui gagné par les inſtances d'un débiteur lui accorderoit un délai de pluſieurs années pour payer ; qui, pour paroître compatiſſant, donneroit aux pauvres des priviléges qu'ils ne pourroient tenir que du Prince ; qui entre parens, ou alliés, compenſeroit toujours les dépens, parce qu'il regarderoit comme une regle d'équité de ne point taxer de mauvaiſe foi des parens qui plaident les uns contre les autres, &c.

Une telle *équité* n'eſt point une *vraie* équité, mais une équité *imaginaire*, puis qu'elle excede le pouvoir du Juge, qui n'a pas celui de corriger la loi, & qu'elle confond les *devoirs parfaits des plaideurs*, avec *leurs devoirs imparfaits*. C'eſt pourquoi il eſt très important de connoître les bornes que le droit naturel a placées entre la Juſtice & l'équité, de peur, qu'en les confondant indiſcrétement un Juge ne faſſe un tort réel, quoique de bonne foi & en croiant rendre juſtice.

CCCXV. La *vraie* équité d'un Juge conſiſte à faire aux faits particuliers une application juſte des regles de l'équité ſur l'interpretation des loix & des cas.

La Jurisprudence naturelle, en tant qu'elle fait mieux connoître le *cœur de l'homme*, fournit ces regles. Quand il s'agit de juger des faits elle apprend p. ex. à connoître ce qui part de dol & ce qui doit être imputée à faute, & à apprétier le *degré* de dol ou de faute. Comme elle eſt utile le au législateur pour établir les *présomptions de droit*, elle sert aussi au Juge pour voir & distinguer les conjectures *ou présomptions de fait*, & pour savoir jusqu'à quel point elles peuvent appuyer sa décision.

3°. Le droit naturel fournit aussi un moïen d'interpréter *les loix civiles*. (313) Il apprend à suivre, non la lettre, mais *l'esprit* de la loi, & à chercher cet esprit dans les effets utiles qui sont le but de la loi. C'est par la connoissance de ces effets qu'on pourra déterminer l'intention ou l'esprit du législateur, le mettre d'accord avec lui même, de maniere qu'il ne *paroisse pas avoir ordonné quelque chose de contraire à son but*, *ou rien exclus de ce qui y tendoit, ni avoir imposé des conditions dures sans nécessité.*

4°. Si la loi est si difficile à expliquer que l'esprit ne voïe point quel parti il peut prendre, voici la regle que nous croïons devoir indiquer.

„ Lorsque les interpretes varient sur le sens
„ de la loi, & que leurs raisons paroissent avoir
„ une égale force, il faut préferer le sens qui
„ s'écarte le moins du droit naturel, & qui lui
„ est le plus conforme. „

Cette regle, conforme à celle qui se trouve plus haut (310), est appuyée sur l'autorité des anciens Jurisconsultes.

CCCXVI. Enfin comme le *droit naturel* sert à former des loix civiles & à les adapter à l'usage du Barreau, il *facilite* aussi beaucoup l'application des loix civiles aux faits particuliers. (313). Les Regles du droit naturel étant le fruit de la combinaison d'une infinité de cas, toute per-

 sonne

fonne qui en fera bien inftruite, trouvera plus promptement *le vrai point de la queftion* fur la plupart des objets compliqués qui font la matiere des contestations & des procès. Lorsqu'on a trouvé *ce point*, il eft fort aifé de le *comparer avec la loi*, & par conféquent de *prononcer d'une maniere conforme à la loi & qui convienne à la circonftance.*

Il eft très utile aux Juges & aux Avocats de rapprocher d'abord les queftions controverfées *des regles du droit naturel*, enfuite d'examiner fi *la loi du pays* eft contraire à ce que leur dicte le droit naturel, & de regler leurs décifion fur le droit civil, dans les cas où, comme le dit Ulpien, *le droit civil ajoute ou déroge au droit naturel.*

CCCXVII. Voilà pour ce qui concerne *le droit particulier qui eft établi;* parlons à préfent de celui qu'*on veut établir.*

C'eft l'autorité qui fait la loi; mais c'eft à l'homme fage à l'inventer. La partie de la Jurisprudence qui a pour objet la *Législation*, & qu'on appelle *nomothetique*, eft la plus noble & la plus difficile.

Elle a pour objet d'améliorer l'état de la Société, foit en abrogeant les anciennes loix, foit en en faifant de nouvelles pour un tems ou pour toujours. C'eft pourquoi elle profcrit comme *contraire aux droits du peuple, & au devoir du fouverain* tout acte de législation qui n'a pour principe *qu'un aveugle caprice qui ne connoit aucunes bornes.* (159).

CCCXVIII. Il n'y a point de loi civile qui ne retranche quelque chofe de la liberté des citoïens: mais le fouverain ne doit pas donner la
plus

plus legere atteinte à cette liberté, si cela n'est nécessaire pour le bien public (325). C'est sur cette regle qu'est fondée la justice & l'excellence des loix civiles.

Point de maxime plus vraie & plus utile que celle-cy: *Le salut du peuple est la souveraine loi*, supposé que les Princes veuillent aimer leurs Sujets; mais s'ils ne le veulent pas, point de maxime dont il soit plus aisé d'abuser contre le peuple.

La Jurisprudence naturelle fixe la vraie *idée* de la *liberté* & *du bien public*, & les *bornes* de l'une & de l'autre.

Elle nous apprend qu'il *n'y a que ce qui est juste qui soit utile* (267), & que c'est se tromper de chercher à augmenter le bien public par des Institutions 1°. qui blessent les droits des étrangers; 2°. qui prescrivent des actions contraires au droit naturel; 3°. qui, contre l'esprit des conventions sociales, placent l'avantage public dans ce qui est nuisible aux *particuliers*; 4°. qui, pour favoriser un petit nombre de citoyens, en grévent un grand nombre (166); 5°. qui privent les citoyens d'une faculté qu'ils tiennent de la nature & dont ils ne peuvent se dépouiller par aucune convention. (304)

Il y auroit de l'injustice p. ex. à faire une loi qui interdiroit ou gêneroit trop la faculté que chaque citoïen a de défendre sa vie d'une maniere *convenable*.

CCCXIX. De cette maxime: *on ne doit toucher à la liberté des citoïens, qu'autant que cela est necessaire à l'Etat* (318) il suit, pour *qu'une loi puisse être portée ou conservée*, *qu'il ne suffit pas qu'elle n'ait rien de contraire à la justice naturelle.*

Il ne faut établir des loix, que lorsqu'on peut efperer avec quelque probabilité qu'elles augmenteront dans la fociété la fomme des biens, & diminueront celle des maux.

Mais comme tous les citoïens ne confpirent pas pour l'utilité publique, & que tous ne font pas convaincus que c'eft pour leur intérêt qu'on leur prefcrit ou qu'on leur défend certaines chofes qui leur coûteront quelque peine, mais qui font utiles à toute la Société, il eft quelques fois néceffaire pour affûrer à la loi fon exécution d'avoir recours à des moïens violens. Si ces moïens étoient tels que leur rigueur ne fût pas compenfée par l'utilité qui proviendroit de l'exécution de la loi, il vaudroit mieux ne point ftatuer de peine, & s'en rapporter à la *confcience* & à la *réligion* des citoïens, que prefcrire un remede plus dangereux que le mal auquel on veut obvier.

Souvent il eft de l'intérêt de l'Etat d'y fouffrir des abus invétérés plutôt que de les réformer par des moïens prompts & violens. Un gouvernement prudent fait précéder la lumiere, éclaire les citoïens, & parvient peu à peu à détruire les préjugés les plus enracinés. Quand tout le monde eft convaincu de l'abus, perfonne ne trouve mauvais qu'on le réforme.

CCCXX. Il vaut donc mieux quelques fois corriger *les mœurs* par *les mœurs* que par des *loix*. La fcience des *loix naturelles* eft très propre à produire infenfiblement ce changement dans les mœurs (231). Elle fait connoître les hommes tels qu'ils font dans la Société; elle montre l'origine & le progrès des préjugés qui influent

fluent fur les mœurs publiques ; elle en indique le remede.

Par le moïen de cette Science, le Législateur diftingue les inftitutions qu'il peut former avec quelque efpérance de fuccès, ou fans inconvénient, foit pour l'Etat entier, foit pour une partie, quoiqu'elles foient contraires aux mœurs de la Nation & à la coutume.

CCCXXI. Non feulement la forme du Gouvernement établit une différence entre les peuples ; mais encore la fituation du païs, le climat, le fol, le caractere des habitans, leur occupation, leurs mœurs, les différents refforts qui les rendent plus propres à reçevoir certaines impreffions, font qu'ils ont moins d'oppofition pour une loi que pour une autre. Cette différence dans l'état *Phifique* & *moral* des peuples exige une Législation différente à quelques égards.

C'eft donc à tort qu'on cherhe à décrier la Jurisprudence, parce que fouvent le droit civil eft tout à fait différent dans des pays fort peu diftans les uns des autres ; p. ex. les foix *du Haut Rhin* font différentes de celles *du Bas Rhin.*

La juftice d'une loi fe tire de fon utilité pour l'Etat ; (318) mais l'utilité n'eft pas la même pour tous les peuples. Par conféquent les loix qui dirigent les actions des citoïens à l'avantage commun ne peuvent pas être les mêmes chez toutes les Nations.

Ainfi la loi qui défend de *s'emparer des biens de ceux qui font morts* eft d'une utilité générale ; mais l'ordre qui regle les fucceffions ne doit pas être le même partout. On ne peut pas fixer par tout le même âge *à la puberté ou à la majorité.* Les loix

 d'A.

d'Athenes n'étoient pas bonnes pour Lacédémone.

Une loi civile n'eſt vraiement utile pour tous les païs que, lorsqu'elle ſert à appuyer ou à faire exécuter le droit naturel abſolu ; comme auſſi toute loi, qui eſt contraire au droit naturel, ne peut pas ne pas être nuiſible à toute la Société & à chacun de ſes membres , & par conſéquent ne pas être oppoſée aux droits du Peuple (318)

CCCXXII. De là il eſt aiſé de conclure que ce n'eſt pas une raiſon d'admettre une loi dans un Etat , parcequ'elle a été ou qu'elle eſt utile dans un autre. *Telles ſont les loix qui reglent les repas* & en général qui ont pour but la conſervation de la ſanté des citoïens, celles *qui ſont relatives à la forme du Gouvernement, aux mœurs, aux différens genres de vie , & à d'anciennes opinions.*

On a raiſon de louer les loix & les établiſſemens des peuples qui ont eu & ont encore une grande réputation de ſageſſe. Mais ce reſpect ne produira *qu'une admiration aveugle, ou un préjugé dangereux,* s'il empêche d'examiner quelle probabilité il y a que ces loix feront également avantageuſes à ceux qui les adopteroient. Les *loix de Moyſe* ſont, ſans contredit, très ſages; cependant un Prince qui les donneroit toutes à ſes Sujets, manqueroit à ce qu'il leur doit, parcequ'il y en a qui ne leur conviendroient pas. Les Réglemens militaires ſont faits ſur le même modele dans preſque toute l'Europe; mais peut-il en être de même de la Légiſlation?

Pour réſoudre cette importante queſtion , il faut avoir recours à la Morale qui fournit au
Lé-

Législateur des regles pour bien connoître le peuple qu'il veut imiter, & celui qu'il gouverne, pour favoir quelles font les loix bonnes pour d'autres peuples & mauvaifes pour le fien, quelles font celles qu'il lui importe d'établir chez lui pour un tems ou à perpétuité, celles qu'il doit laiffer fubfifter, non pas qu'elles foient bonnes, mais par ce qu'elles font moins mauvaifes que ne le feroient des loix différentes.

„ Il ne faut pas, dit Cicéron, mettre au
„ nombre des préceptes de la médecine ceux
„ qu'un médecin ignorant donne comme utiles,
„ quoiqu'ils foient dangereux; ni réputer loi
„ chez un peuple, ce qu'il a adopté de perni-
„ cieux & de contraire au bien public. La loi
„ eft la diftinction du jufte & de l'injufte tracée
„ d'après la nature primitive, qui doit diriger les
„ hommes dans la confection des loix deftinées
„ à punir le crime & à protéger la vertu. „

CCCXXIII. La Jurisprudence naturelle eft furtout d'une grande utilité pour établir ou admettre des *loix pénales*: p. ex. lorsqu'il s'agit de diftinguer les délicts des autres actions injuftes, d'en apprétier l'énormité, de chercher des mojens de les *prouver*, & de *leur affigner un genre de fupplices.*

Si l'utilité de la Jurisprudence pour cet objet n'étoit pas auffi évidente, il feroit aifé de s'en convaincre par les exemples des loix anciennes & nouvelles, qui par leur févérité ont manqué le but que fe propofoit le Législateur.

Ces loix tirent en grande partie leur origine des préjugés fuivans: 1°. que *tout vice & toute action préjudiciable à autrui font des crimes*; 2°. que

partout les délicts sont les mêmes, & que la puni-
tion doit être la même partout. 3°. que *dans un
même Etat, les mêmes crimes ont toujours le même
attrait, & que par conséquent les loix doivent toujours être aussi séveres, & qu'il ne faut jamais les
adoucir;* 4°. que les *mêmes peines font sur tous les
peuples la même impression de terreur;* 5°. *qu'il n'y
a point de peine trop rigoureuse.*

L'expérience démontre l'erreur de ceux qui
font dans ces préjugés. Si les peines doivent
quelques fois être *rigoureuses; ordinairement elles
ne doivent pas l'être.* Souvent même elles font
inutiles. On peut quelques fois tarir la source
des crimes & prévenir dans les citoïens la volonté d'en commettre. Ordinairement la vigilance
du Magistrat suffit pour les contenir. Cette vigilance est la gloire du Magistrat. Toute peine
est un mal qu'on doit épargner à la Société toutes les fois qu'il n'est pas nécessaire. (319)

CCCXXIV. Un Législateur doit donc avoir
une connoissance plus intime du cœur humain,
tant, pour ne pas se tromper en croïant que des
loix criminelles bonnes pour un païs le seroient
également pour le sien, que, pour ne pas croire
que les hommes ne puissent être contenus que
par des loix sanguinaires, telles que celles de Dra-
con & de plusieurs autres Législateurs.

Si par le *vice de la nature humaine,* les hommes font si dépravés qu'il n'y ait que la crainte
des supplices qui puisse mettre un frein à la fou-
gue du tempérament, s'il est dans leur caractere
de se livrer au mal, si tôt qu'ils cessent de craindre; comment les Législateurs peuvent ils se
flatter de résister feuls au torrent de la corruption

tion humaine & d'être conſtamment honnêtes gens, quoiqu'ils ſoient au deſſus de la
crainte?

La *ſcience* des *mœurs*, & celle du *droit naturel* aſſignent les limites de la clémence & de la ſévérité. (231. 301). Elles s'oppoſent également
à une molle indulgence préjudiciable au public,
& à la cruauté des Légiſlateurs & des Magiſ-
trats déguiſée ſous le nom de *juſtice*. Elles apprennent auſſi, quand & comment il ſe fait qu'un
Prince dur & cruel ne fait pas tant de bien &
ne prévient pas tant de crimes que celui qui eſt
lent à punir & prompt à recompenſer, qui ne
prend qu'à regret le parti de la ſévérité, qui *réprimant le crime, plus par la crainte de la peine que par
la punition, n'employe les ſupplices que rarement &
avec la plus grande répugnance.*

CCCXXV. En voilà aſſez ſur les *loix civiles*;
il nous reſte à préſent à parler de l'uſage qu'on fait
de la connoiſſance des loix naturelles dans la Science du Gouvernement. Ce qui engage les hommes à faire le ſacrifice d'une grande partie de
leur liberté, & à vivre en Société ſous un Gouvernement, c'eſt l'eſpérance de trouver dans les
forces de la Société, un degré de bonheur tel
qu'ils ne pourroient l'eſpérer, s'ils étoient ſeuls,
& même dans toute autre aſſociation. Telle eſt
la condition à laquelle ils conſentent d'obéir,
celle qu'ils impoſent à leur chef, & que celui-cy s'engage de tenir en acceptant le commandement.

La ſageſſe du Gouvernement conſiſte à faire jouïr
chaque citoïen, autant qu'il eſt poſſible, des avantages qu'il s'eſt promis du ſacrifice de la liberté. C'eſt

fur le *nombre des citoïens heureux & fur l'efpéran-*
ce de la perpétuité de cet état de bonheur que fe mefure *la félicité d'une nation.*

La fcience du Gouvernement s'appelle *politi-*
que. L'objet de la politique eft de faire aimer &
refpecter l'Etat *au dehors* , & de procurer de plus
en plus la tranquillité , la concorde & la profpérité *au dehors.*

CCCXXVI. Un Etat eft *refpecté au dehors* ,
quand perfonne n'ofe l'attaquer. Il eft aimé &
confidéré, quand les autres Nations craignent de
lui nuire, de peur de fe nuire à elles mêmes, &
quand elles recherchent fon amitié avec empreffement. Quels font les moïens d'acquérir *ce ref-*
pect & cette confidération?

Sera-ce par ceux dont Machiavel nous fait
la peinture, ou nous donne des leçons?

C'eft à dire, un Prince doit-il avoir l'art de
tenir des propos flatteurs pour les étrangers ,
lorsqu'il eft plein d'indifférence pour eux , de
faire femblant de refpecter à l'extérieur les loix
naturelles, tandis qu'il s'en mocque en fecret,
fi elles s'oppofent à fes deffeins ambitieux, d'emprunter le masque de la *juftice* pour déguifer une
conduite injufte? La bonne foi dans les traités , la générofité envers les foibles, la reconnoiffance envers fes amis, la pudeur , la confcience ne font elles utiles qu'aux particuliers ?
Exiger qu'on s'y conforme dans le Gouvernement des Etats, n'eft-ce pas demander l'impoffible?

Nous regardons comme fauffe une Morale qui
prefcrit aux Souverains des devoirs à l'égard des
nations étrangeres, lesquels font incompati-
bles

bles avec le véritable bonheur de leurs Etats. D'une autre côté, toute politique contraire à la faine Morale n'eft autre chofe que l'art funefte de tromper, de ne point mettre de bornes à fes violences, & d'apprendre aux peuples à être ingénieux pour travailler à leur propre perte.

La nature fournit des moïens de parvenir à fon but ; Elle s'accorde avec elle même , ce qui ne feroit pas, fi ce qu'elle défend abfolument, comme nuifible, à chaque particulier, elle le permettoit, comme une chofe utile, aux peuples qui feroient affez puiffans ou affez rufés pour le mettre en pratique.

CCCXXVII. Mais, dirat-on, il ne s'agit pas ici de raifonnemens, mais du fait. Soit ; le point eft donc de favoir s'il eft conftant par l'hif-toire de tous les fiècles qu'on ne peut gouverner un Etat avec fuccès fans faire tort à fes voifins, que cette conduite réüffit toujours, & qu'on n'a jamais lieu de s'en *repentir,* quand d'ailleurs on ne fait pas d'imprudence.

Si on établit bien l'état de la queftion, nous ne penfons pas que l'hiftoire foit favorable au fyftê-me de Machiavel.

Il ne s'agit pas de favoir fi des *projets contrai-res à la juftice à l'équité, à l'humanité ont eu d'heureux fuccès, mais, fi ces fuccès ont procuré une augmentation de félicité.* Un peuple qui en fai-fant du mal à fon ennemi s'en fait beaucoup da-vantage, qui p. ex. a facrifié deux cens mille hom-mes pour en fubjuguer cent mille, un tel peu-ple, dis-je, a t-il bien entendu fes intérets ?

Souvent des évenemens dont on *fe réjouit beau-coup* ont des fuites *très affligeantes.* (286). Les
Ro-

Romains, en faifant la guerre aux autres Nations, leur ont appris à les vaincre eux mêmes. Les Croifés ont pris Jérufalem. Mais qu'il en a coûté à l'Europe! qu'elle s'en eft reffentie long tems! S'il étoit auffi facile de connoître & auffi fûr de tracer les maux qu'ont entrâinés avec elles des guerres injuftes & néanmoins heureufes, qu'il l'eft d'écrire l'hiftoire des guerres, pour l'inftruction des Militaires, on trouveroit dans tous les fiecles des preuves d'une Providence qui eft attentive à faire refpecter aux peuples les loix qu'elle leur impofe, & on verroit combien eft fage & vraï cet avis de Seneque:

,, Vous à qui l'Arbitre de l'Univers a donné
,, le droit fuprême de vie & de mort, ne vous
,, enorgueilliffez pas. Un Maître, plus puiffant
,, que vous, peut vous faire trembler comme
,, vous faites trembler vos Sujets. Il n'y a point
,, d'Empire qui n'en ait à craindre un plus puif-
,, fant que lui. ,,

CCCXXVIII. Ce qu'on appelle *raifon d'Etat*, eft ordinairement fondé fur *la néceffité où eft le Gouvernement d'avoir recours à des moïens extraordinaires pour parvenir à fes fins.* Si cette *raifon d'Etat* eft contraire aux loix naturelles, on peut la comparer à un remede qui, en ôtant au malade le fentiment de fon mal, augmenteroit la maladie. La *néceffité* eft foumife à des loix parmi les peuples, comme chez les particuliers. D'ailleurs c'eft fouvent par imprudence qu'on s'eft mis dans cette *néceffité* dont on cherche à fe couvrir. Ne pourroit-on pas même dire que fouvent on allegue *la néceffité*, lors qu'un Gouvernement prudent pourroit fans bleffer la Juftice

tice avoir recours à des moïens propres à procurer le bien l'Etat.

Prenons pour exemple un peuple qui veut
augmenter *fa puiffance & fes richeffes.*

La *raifon d'Etat* exige t-elle qu'il cherche à
acquérir la fupériorité par l'oppreffion de fes voifins? Eft-il de fon intérêt véritable d'avoir des
forces prépondérantes? de reculer par des
moyens injuftes les bornes de fon empire? Souvent les Etats font accablés de leur propre grandeur. Il ne faut des forces à un peuple qu'autant qu'il en a befoin pour ne pas être forcé de
recevoir la loi, & non pas pour la faire aux autres. Il eft de fon intérêt de n'avoir rien à craindre, mais nullement d'être redouté.

Un peuple occupé à affoiblir fes voifins, pour
en devenir la maître s'épuife ordinairement lui
même & finit par être plus foible. L'avantage réel eft d'être fort de fes propres forces. Il
eft fouvent dangereux de tirer fa force de la
foibleffe de fes voifins. La rivalité de deux
nations les maintient toutes deux dans un état
floriffant. La deftruction de Carthage a été le
commencement de la chute de Rome.

CCCXXIX. Une nation veut être *riche.* La
raifon d'Etat exige t-elle qu'on aille à grands
fraix & aux dépens de la vie d'un grand nombre d'hommes chercher au dehors ce qu'on trouve chez foi? N'y a t-il plus de campagnes à
défricher, de mines à exploiter, de manufactu-
res à établir? La guerre, le monopole, la
gêne du commerce font-ils les feuls moïens
d'enrichir les citoïens, & par eux, le thréfor
public?

L'Eu-

L'Europe, épuifée par tant de guerres entreprifes par la folle ambition de dominer, recon-
noit enfin que le commerce eft la fource des richeffes publiques, & que toutes les claffes des
citoïens s'en reffentent. Mais peut-il être floriffant & durable chez une Nation qui contre
l'ordre de la nature veut que tous les peuples
aïent befoien de fes marchandifes & pouvoir
fe paffer de celles de tous les peuples, qui defire de voir les autres Nations pauvres, fans
penfer que fi elle étoit au comble de fes vœux,
elle ne trouveroit plus d'acheteurs ? La profpérité du commerce ne peut être fondée que
fur *les befoins réciproques des peuples*. C'eft pour
cette raifon que l'Europe a intérêt à la confervation de la Nation qui depuis long - tems
eft chargée de porter fes marchandifes dans
tout l'Univers.

CCCXXX. Une fauffe idée de gloire a fouvent
engagé dans des guerres injuftes ou au moins
peu néceffaires, dont l'unique fruit a été que
les Peuples fe font fait réciproquement des playes,
dont ils fe font reffentis pendant long - tems. Plufieurs Princes, éblouis par l'efpérance de l'immortalité, fe font dégoûtés du repos & ont cherché
à faire la guerre comme s'ils étoient fûrs d'être
couronnés par la victoire. Que de calamités
n'ont-ils pas attirées fur leurs Etats ? Que de citoïens & de foldats facrifiés comme des Etres mé-
prifables à la fotte vanité de ne pas paroître reculer ou être hors d'état d'exécuter les projets ?
Comme s'il n'y avoit *de gloire* qu'à être belliqueux, & à developper fon génie & fon adreffe
dans un art fi funefte à la Société !

Entre

· Entre tous les peuples de la Germanie qui, au rapport de Tacite, regardoient, comme ,, lâcheté ,, & pareffe d'acquérir par leur travail ce qu'ils ,, pouvoient obtenir au prix de leur fang, les ,, Cauques, nation illuftre, avoient pour prin- ,, cipe d'appuyer leur grandeur plutôt fur la juf- ,, tice que fur la force. Sans avidité, fans ef- ,, prit de conquête, tranquilles & concentrés ,, dans leur païs, ils ne cherchoient point la ,, guerre, La meilleure preuve de leur puiffan- ,, ce & de leur vertu, c'eft qu'ils confervoient ,, leur fupériorité fans commettre d'injuftices. ,, Cependant ils étoient toujours en état de fe ,, défendre & de lever une armée au befoin. ,, Ainfi leur fyftême pacifique ne nuifoit point ,, à leur réputation. "

La fcience qui infpire l'amour de la paix & de la profpérité des peuples, eft celle qui donne la notion de *la vraïe gloire*. Elle montre la vanité d'une réputation qui fait le fujet des gémiffe-mens fecrets & de l'horreur de la génération pré-fente qui n'ofe s'expliquer ouvertement, & dont la poftérité qui n'a plus de motifs de flat-ter ni de craindre, ne parlera qu'avec exécra-tion.

CCCXXXI. Jusqu'ici nous avons confidéré la politique, comme traitant avec les Etats voi-fins. La Politique, entant qu'elle a pour objet de *travailler à faire le bien & l'avantage de la Société au dedans, ne peut parvenir à fon but qu'autant qu'elle fera conforme à la Morale (des Princes & des Citoïens.)*

Examinons d'abord les devoirs des *Ci-toïens.*

Les

Les Préceptes renfermés dans la Sect. V. ne peuvent nulle part procurer plus d'avantages que dans une Société qui, embraffant dans fon plan tous les biens que l'homme eft capable de fe procurer, eft, à ce titre, regardée comme la plus recommandable des Sociétés. C'eft dans fon fein qu'habitent le repos & la fûreté ; chaque jour en augmente les agrémens. (325). Dans les autres Sociétés, les vivans peuvent être utiles aux vivans, & les morts ne peuvent fervir que par leur exemple & les monumens de leur génie ; au-lieu que dans la *Société civile* les particuliers peuvent faire des loix dont l'empire s'étende au delà de leur vie ; ils peuvent encourager les arts, confoler les pauvres ; en faifant envifager à ceux qui n'ont pas des fentimens d'honneur, la crainte de perdre une fucceffion, ils peuvent encore les y rappeller ; & en léguant, pour ainfi dire, des fentimens vertueux, *former des citoïens utiles à l'Etat.*

Les préceptes de la Morale, *entant* qu'ils *ont pour but de former de bons citoïens, de les encourager à remplir les devoirs de la Société, conftituent ce qu'on appelle, la Morale des Citoïens.* Un bon citoïen travaille à fa perfection pour être utile à la Société, fe réjouit, lorsqu'il a le bonheur d'y réüffir, & fouffre patiemment les maux auxquels l'Etat ne peut remédier fans faire naître de plus grands inconvéniens.

CCCXXXII. Pour conduire la Société à fa *perfection*, il eft néceffaire que chacun de fes membres & toute la Société elle même s'acquittent de leurs devoirs réciproques. L'engagement que le citoïen prend avec la Société & fon chef n'eft

n'eſt pas uniquement de ſa part , il eſt *récipro-*
que; c'eſt pour ſon avantage que chacun ceſſe
d'être à ſoi, & devient citoïen ; & la Société civile n'accepte le ſerment du citoïen que pour
pouvoir le faire jouïr des avantages qu'il s'eſt
promis du ſacrifice de ſon indépendance.
(325).

Une nation eſt dans un état floriſſant, ſi, d'un
côté l'amour de chaque citoïen pour la patrie eſt
tellement dégagé *de tout intérêt*, que, quand même il n'y auroit à eſpérer ni la gloire ni la faveur attachée au mérite, il feroit toujours le même, & ſi, de l'autre , la patrie ſe contentant
d'un amour *mêlé* de quelque intérêt (155) re-
connoît & même récompenſe volontiers le mérite de chaque citoïen, comme s'il n'avoit pour
principe *que l'amour du bien public.*

Mais qui peut inſpirer à un citoyen cet amour
de la patrie? Eſt-ce l'inſtinct?

Il ne paroit pas que l'inſtinct puiſſe produire
cet effet; il eſt du à l'inſtruction & à l'éducation.

Un amour qui eſt le fruit de *la réflexion* eſt
plus noble & plus ſolide que celui qui eſt l'effet
de l'éducation ou d'une habitude machinale. Cet
amour inſpiré par *la raiſon* a ſa ſource dans la
connoiſſance & l'application des loix naturelles à la Société, ſuivant lesquelles on eſt obligé de procurer principalement l'avantage de
ceux à qui on peut & on doit être plus utile.
(165)-

CCCXXXIII. Il y a long-tems qu'on a propo-
ſé le Problême ſuivant qui mérite qu'on s'applique à le réſoudre.

Q 2

„ Trou-

„ Touver la meilleure méthode de faire que
„ chacun aime le gouvernement de fon païs &
„ en refpecte les loix au lieu de les haïr. ”

On doit, avant tout, faire attention aux réfléxions qu'a faites fur cette matiere l'illuftre *Montesquieu*, l'ornement de fon Siecle. Perfonne n'a développé avec plus de fagacité que lui *les caufes qui corrompent les peuples & leurs chefs*. Il a cherché & trouvé dens les replis les plus cachés de leur ame les caufes des loix & les refforts qui en affûrent ordinairement l'exécution. Aux trois formes de Gouvernemeut dont il parle, il affigne trois *principes* ou *refforts* propres à donner aux citoïens l'impulfion qui convient au Gouvernement fous lequel ils vivent. Ces trois principes font *l'honneur*, la *crainte*, & *le vertu politique* ou *l'amour de l'égalité*.

Il eft certain que plufieurs Législateurs ont employé ces refforts pour mettre facilement en jeu la machine qu'ils avoient conftruite.

Mais ces refforts ne font - ils pas plus propres à conferver *la forme des Gouvernemens* qu'à *augmenter le bonheur des peuples*? cependant le but de tout Gouvernement doit être de procurer à tous les citoïens *le plus de bien poffible*. D'ailleurs un feul reffort, un *feul* principe eft-il *fuffifant pour chaque forme de Gouvernement*?

Dans une Monarchie, les citoïens concourront-ils avec toute l'ardeur poffible à faire le bien de la Société, s'ils ne font guidés que par un *honneur arbitraire*, dépendant de la volonté du Prince, & différent de l'honneur attaché à *la vraïe vertu*? Le Monarque lui même, par ce même principe, ne deviendra t-il pas Defpote? Si
l'opi-

l'opinion du Prince fur l'honneur ne s'accorde pas avec celle du peuple : quelle eft celle qui prévaudra ? Si le Prince change d'idée fur ce qui, jusqu'à lui, a été réputé honorable , l'Etat fera donc *chancellant ?* La vertu a été utile aux *Perfes ;* pourquoi, toujours & par tout la même, ne fe oit - elle pas plus utile dans les Monarchies que *l'honneur indépendant de la vertu ?*

Sous le *Gouvernement Defpotique,* la crainte fera t - elle un motif fuffifant pour engager les Sujets à ne point violer des loix qu'ils déteftent, parcequ'elles leur font nuifibles ? Seront ils encouragés à bien faire , quand ils n'y entreverront d'autre avantage que d'aggraver leur joug ? Cette crainte peut - elle durer toujours ? Ne dégénérera t - elle pas *en désefpoir ? Car celui qui veut être craint de tous, a lui même à craindre de tous.* On défire la perte de celui qu'on hait.

Enfin les Républiques Ariftocratiques ou Démocratiques peuvent - elles efpérer de fe conferver long - tems dans un Etat floriffànt, fans la fimplicité de mœurs , fans la vraïe vertu, fans l'efprit de réligion & de piété envers Dieu, lequel donne aux citoïens de l'activité pour concourir au bien public ? Quand les mœurs feront corrompues, comment arrêtera t - on parmi les *négotians* le luxe , qui tend *néceffairement* à la deftruction du bien public ? Enfin cette forme de Gouvernement eft - elle fi incompatible avec *l'honneur* qu'il n'y foit que peu ou point du tout recherché ?

CCCXXXIV. Le moïen le plus fûr & le plus propre pour faire concourir les citoïens au bien

public,

public, *quelle que soit la forme du gouvernement*, eſt celui que la nature même nous indique. Outre la crainte des peines *attachées aux mauvaiſes actions*, & le ſentiment de plaiſir attaché à la pratique fidele des devoirs de la Société ; la nature a encore donné deux principes efficaces pour engager les hommes à obſerver les loix. Le premier eſt une connoiſſance vive *des nombreux avantages que ſe procure à lui même chaque citoïen*, en rempliſſant ſes devoirs envers la Société. Le ſecond eſt le penchant à l'imitation. Ces deux principes ſont propres *à toute eſpece de gouvernement*.

Pour donner au premier reſſort toute ſon activité, les chefs des Sociétés doivent faire en ſorte que les citoïens ſoient perſuadés que rien n'eſt avantageux pour eux que ce qui l'eſt pour le public. Le moïen de les perſuader eſt de leur faire comprendre qu'on ne compte pour *bien public* que ce qui contribue à l'avantage *des particuliers*, c. a. d. qu'il faut que chacun ſente que ſa *patience & ſon obéïſſance* lui procureront ſinon directement, au moins indirectement un avantage réel. Quand ils ſeront bien convaincus de cette vérité, ils regarderont comme une folie de s'oppoſer à tout ce qui ſe fait pour *la conſervation de l'Etat & pour l'utilité publique*, ou de *ſéparer leur intéret de celui du public* : Car alors ils ſentiront que manquer à l'Etat, c'eſt ſe manquer à ſoi même.

CCCXXXV. La multitude qui ne ſent ou n'apperçoit que ce qu'elle touche, ne voit point la liaiſon qui ſe trouve entre ſon intérêt & une inſtitution, lorſque l'effet ne la ſuit pas immédiatediatement. Ce ne font pas toujours les défauts de ceux qui font à la tête du Gouvernement qui occafionnent les plaintes fur l'adminiftration. Souvent on fe plaint , parcequ'on ne voit pas qu'il eft néceffaire de faire des réglemens peu agréables pour les particuliers, mais qui font de la plus grande utilité pour l'Etat.

Les gens éclairés à qui l'expérience a appris qu'il n'y a rien fans inconvénient, compenfent les avantages & les défavantages. (125) Les maux qui font la fuite d'erreurs politiques, ou des vices de ceux qui gouvernent, ne font pas capables de les écarter du devoir. Ils favent que celui qui fait ce qu'il peut pour le bien de la Société, qnoiqu'il n'en retire aucun avantage , & qu'il foit expofé à bien des maux, n'a cependant jamais lieu de fe repentir de fa conduite. (156).

A l'égard de ceux qui ne penfent point, c'eft le *penchant à l'imitation* qui les gouverne, fans qu'ils s'apperçoivent qu'ils font gouvernés. Le peuple a les yeux fur les Grands qui le gouvernent; il fe modéle fur eux, comme s'ils étoient d'autant meilleurs qu'il font plus élevés.

Ainfi que ceux qui gouvernent & les Principaux de l'Etat fe diftinguent par une conduite qui s'accorde avec la forme du Gouvernement & le bien public. Qu'ils donnent l'exemple d'un amour *pur & fincere pour la Patrie.* (155). Qu'ils honorent la *vertu.* Le *patriotisme* deviendra l'efprit de la Nation; & la multitude fe conformant à leur exemple fera zélée pour le bien commun. La *crainte de l'ignominie* réprimera le vice. *L'honneur & le plaifir attaché à l'eftime publique* porteront aux grandes actions.

Q 4

C'eft

C'eſt un plaiſir bien noble que celui d'être un bon citoïen.   Combien eſt plus noble celui d'en avoir formé par ſon exemple ?

CCCXXXVI. Après avoir conſidéré *les loix naturelles* comme propres à éclairer les Princes ſur la maniere de faire concourir tous les citoyens au bien commun, & leur inſpirer de l'averſion pour ce qui eſt oppoſé au bien de l'Etat; il nous reſte à examiner la liaiſon qui eſt entre *la vraie Politique* & la *Morale des Princes*. (331).

Les loix naturelles montrent aux Souverains comme Souverains, le moïen le plus ſûr pour être heureux en leur prescrivant de ne jamais perdre de vüe qu'ils ſont hommes & qu'ils commandent à des hommes,   Quelque élevé que ſoit le Souverain au deſſus dès autres citoïens, il y a toujours entre eux & lui une égalité qui vient de la nature & qui eſt auſſi immuable qu'elle.   Le ſouvenir de cette égalité l'empêchera   de faire aux Sujets, ce qu'il ne voudroit pas qu'on lui fît à lui même. (158).

CCCXXXVII. Un Prince pénétré de cette vérité, n'acceptera jamais une *autorité despotique*, quand même on la lui offriroit; encore moins cherchera t-il à l'uſurper contre le gré des Sujets; car on ne peut eſpérer aucun bien durable d'un pareil Gouvernement.

Si quelquesfois les circonſtances forcent à faire quelque choſe contre la regle, cet état ne tarde pas à changer.   Le calme rétabli, il faut remettre tout ſur l'ancien pié, & faire diſparoître toute apparence de *commandement arbitraire* · autrement le corps civil ſe corrompt; le
Prin-

Prince lui même devient foible, parcequ'il ne commande plus qu'à des ames foibles.

On méconnoit *le bien public*; il n'y a plus de lien entre les citoïens. On se mocque de ceux qui parlent de *bien public, d'amour de la Patrie,* on les traite de vifionnaires, parceque chacun ne vit que pour foi. L'indolence, la parelle, la négligence s'emparent de tous les citoïens qui craignent même de jetter un coup d'œil fur l'avenir.

Les Grands n'afpirent qu'après le crédit & les richeffes; ils cherchent à fe difpenfer, autant qu'il eft en eux, des foins attachés à leur dignité; & il ne faut au peuple que *du pain & des fpectacles.* L'Etat perd toute confidération au dehors, & le Prince lui même voit s'éclipfer tout l'éclat de fa dignité.

Un bon Prince regarde comme un bonheur *de ne pouvoir pas tout faire.* Il fe plait moins à confidérer fa puiffance qu'à en faire bon ufage. Il lui eft plus agréable d'être *utile* que de *commander.* Il ne cherche point à infpirer de la crainte? Quel plaifir peut-on trouver à faire trembler des milliers d'hommes? Il eft convaincu que la Majefté Roïale confifte à aimer fes Sujets, comme un pere aime fes enfans, à leur infpirer à l'égard les uns des autres des fentimens de freres qui appartenants à une même famille doivent vivre dans la paix & la concorde. Enfin il eftime que le Gouvernement le plus ftable & le meilleur eft celui où les Sujets trouvent du plaifir à obéir.

CCCXXXVIII. Les caufes *morales internes* qui altérent & corrompent la félicité d'un Etat, font les vi-

ces

ces des Chefs, ceux de la *forme du Gouvernement,* & *ceux de la Nation.*

Uu Souverain, qui veut être le *pere de son peuple* & non un *maître qui commande à des esclaves,* fera usage de la connoissance des loix naturelles pour travailler sur lui même; ensuite il n'admettra dans son Conseil que ceux qui, aux dépens de leur vie ou de leur fortune, n'auront pas hésité de préférer la probité & l'honneur aux honneurs & aux dignités.

Par ce moïen il pensera plus à ses devoirs qu'à sa puissance & à ses droits. Le mot *de devoirs du Souverain* ne l'irritera pas dans la bouche de ceux qui les lui rappelleront. Pour mériter d'avoir des amis, il commencera par aimer. Il méprisera les éloges, parce qu'il est rare qu'on loue les Princes par des vües désintéressées, & parce qu'on les loue davantage à proportion de ce qu'on espere ou de ce qu'on craint. Son plaisir sera de faire des actions qui méritent d'être louées.

Quant *aux vices qui viennent de la forme du Gouvernement,* il n'est pas aisé de les détruire; il travaillera à les corriger avec prudence & avec bonté.

Enfin pour remédier aux vices que *la peuple* oppose à son bonheur, il lui fera aimer l'obéissance par le sentiment des avantages qu'il trouvera à obéir (334).

Il le conduira à la vertu par son exemple (335). Il excitera l'amour du bien public par des éloges & d'autres récompenses, & sur tout par une distribution *équitable* (270) des bienfaits publics, des dignités & des autres marques,
d'hon-

d'honneur qui donnent de la diſtinction dans l'Etat.

CCCXXXIX. Pour réformer ce qu'il y a de défectueux dans les mœnrs du peuple, il faut connoître la ſource du mal & la tarir. Ainſi le Souverain étudiera le *génie* de ſa Nàtion, & n'écoutera point le préjugé pour s'en faire une idée juſte & exacte. Il s'attachera ſurtout à en connoître *le caractere*, à approfondir les inclinations dominantes, ou les reſſorts qui remuent la plus grande partie des citoïens & auxquels ils obéïſſent. Il fortifiera les penchans utiles, & affoiblira, autant qu'il ſera poſſible, ceux qui ſont mauvais. *L'éducation publique & particuliere* eſt le principal moyen dont il doit ſe ſervir.

Il peut arriver que *les inclinations dominantes* ſoient trop fortes ; alors il faut éviter tout remede violent, à moins que le mal ne ſoit de nature à ne pouvoir être toléré, & condeſcendre à la foibleſſe des Sujets, afin de faire tourner cette même foibleſſe à leur avantage.

Un Gouvernement auſſi doux accoutumera la Nation à ſentir ſes avantages, à en jouir, & à voir ſans jalouſié l'état floriſſant des Nations voiſines.

C'eſt là le vrai moïen d'empêcher les émigrations, & d'attirer les étrangers chez ſoi. On n'a pas beſoin d'Edits terribles & menaçans, pour retenir des Sujets qui n'ont aucune raiſon de quitter leur Patrie.

CCCXL. A quoi ſervent ces artifices politiques que Tacite appelle des *ſecrets* ou plutôt des *crimes de Gouvernement*, ſinon à cacher la mauvaiſe

vaife intention ou l'imprudence de ceux qui gouvernent, & à trouver le fecret d'endormir le peuple
fur fes véritables intérêts, de le rendre infenfible
à fes maux, de l'empêcher d'en connoître ou d'en
chercher la fource, en lui faifant craindre d'être
accufé du crime de leze-Majefté.

Ces fecrets font, d'entretenir le luxe & la molleffe, de favorifer la fuperftition, d'introduire
l'ignorance, d'éteindre tout fentiment du vrai
honneur, de bannir jufqu'au mot de liberté, de
femer la défiance parmi les citoïens, pour les divi-
fer & pour dominer plus fûrement.

CCCXLI. Ainfi la politique extèrieure & intè-
rieure la plus parfaite eft celle qui eft la plus fimple & la plus conforme à la nature le meilleur guide qu'on puiffe fuivre dans l'établiffement
de toute Société grande ou petite.

Le fruit de toute bonne politique eft de procurer
*la félicité du Prince & des Sujets. Le bonheur du Ci-
toïen confifte dans cet état où la jouiffance agréable des biens que lui procure une Société bien confti-
tuée & bien gouvernée, compenfe à fes yeux les inconvéniens inévitables qu'il y éprouve, & dans le
plaifir qui lui donne la penfée des avantages qu'il a
procurés à la Société ou des efforts qu'il fait pour
elle.*

Le bonheur du Prince eft de voir que *fon peuple eft heureux; & ce bonheur confifte furtout dans le
témoignage qu'il peut fe rendre d'avoir contribué par
fa prudence & fa vertu à lui procurer des biens folides, importans & en grand nombre.* (325)

CCCXLII.

CCCXLII. Le *bonheur* des Princes ne consiste pas à avoir de nombreuses possessions, à nager dans les plaisirs, à triompher, ou à commander à des esclaves titrés & malheureux empressés à les servir, mais à savoir faire un bon usage de l'autorité que Dieu leur a confié. La vie privée est souvent préférable à celle de ceux qui gouvernent. La seule chose qui donne toujours l'avantage à ceux-cy, c'est qu'ils ont *l'occasion & la facilité de faire du bien.*

Si la félicité de l'homme augmente en raison du nombre de ses *plaisirs vrais* (14), les Princes doivent à la naissance ou au choix des Peuples l'avantage de pouvoir tous les jours de leur vie être utiles à des milliers d'hommes. *Si la grandeur du plaisir* contribue à augmenter le bonheur, y a t-il pour une ame qui n'est pas dépravée un plaisir plus doux que celui d'avoir délivré tout un peuple des maux qui le menaçoient, & de lui avoir procuré de grands biens? Enfin si la *stabilité des causes des vrais plaisirs* donne encore un surcroît de félicité, qu'un Prince est mille fois heureux, quand il peut, non sur les flatteries insidieuses de vils adulateurs, mais sur ce qu'il voit lui-même, quand, dis-je, il peut dire, avec vérité, que la génération presente est heureuse & qu'un sort heureux attend la génération future? Quand il sera venu au terme ou il faut payer le tribut à la nature, à ce moment où la consolation de l'espérance balance le sentiment de la douleur, il pourra, en jettant un regard sur son peuple, se tranquillifer par cette douce réflexion :

mon

mon Peuple a été heureux & le fera encore après moi.

Après toutes ces obfervations, on ne peut contefter que ceux qui font deftinés à gouverner ne trouvent une infinité de reffources dans la fcience qui leur apprend à fe commander à eux mêmes & à bien connoître les Peuples qu'ils doivent gouverner.

F I N.

TABLE

DES

MATIERES.

Les chifres indiquent les Paragraphes.

A.

des

B.

C.

Com-

D.

E.

MATIERES.

F.

Foi,

G.

H.

ſenſé

I.

S

(la)

Lc

MATIERES.

Z.

F I N.

DE L'IMPRIMERIE

DE

JEAN JOS. BESSELING,

A UTRECHT, 1774.

E R R A T A.

Pag.	44.	l. 15.	*à qu'il*,	lisez. *à qui il.*
	98.	-- 9.	*tout pour,*	---- *tout.*
	115.	-- 18.	*pitié,*	---- *piété.*
	143.	-- 5.	*me devoir,*	---- *nomme devoir*
	144.	--	CCXVI,	---- CCXVII.
	154.	-- 1.	*soient,*	---- *étoient*
	159.	--	Sect. VII.	---- Sect. II.
	162.	-- 18.	*par,*	---- *pas.*
	169.	-- 1.	*son,*	---- *raison.*
	172.	-- 10.	*le vous,*	---- *vous le*
	184.	-- 23.	*font*	---- *sont.*
	200.	-- 3.	*inadvertcene,*	---- *inadvertence*
	211.	-- 1.	*font,*	---- *sont.*
	218.	-- 31.	*suivant qui il,*	---- *suivant qu'il.*
	240.	-- 8.	*besoien,*	---- *besoin.*
ibid.		-- 29.	*sacrifiés,*	---- *sacrifiès.*
	244.	-- 1.	*Touver,*	---- *Trouver.*
	250.	-- 25.	*la peuple,*	---- *le peuple.*